AF259490

# MISOGUG,

## OU

## LES FEMMES COMME ELLES SONT,

### HISTOIRE ORIENTALE,

#### TRADUITE DU CHALDÉEN.

---

## PREMIERE PARTIE.

---

### A PARIS,

Chez POINÇOT, Libraire, rue de la Harpe,
près Saint-Côme, N°. 135.

---

### 1787.

Amusemens des Eaux de Paſſy , 3 vol. in-
12 , br.                                    6 liv.
Voyage philoſophique d'Angleterre , 2 vol.
in-8 , br.                                  5 liv.
Correſpondances familières de Frédéric II,
2 vol. in-8 , br,                           4 liv.
Amuſemens d'un Septuagénaire , 1 vol. in-
8 , br.                                 2 liv. 8 ſ.
Galerie de l'ancienne Cour , 3 vol. in-12 ,
br.                                    7 liv. 10 ſ.
Recueil d'Anecdotes qui précèdent la gale-
rie ,                                  2 liv. 10 ſ.
Le Conſervateur ou Choix d'Hiſtoire , 2
vol. in-12 , br.                       4 liv. 10 ſ.
Amours ou Lettres d'Alexis & Juſtine , 2
vol. in-8 , br.                             4 liv.
Nouveau Werther, 1 vol. in-8 , br. 2 l. 8 ſ.
Vathek , Conte Arabe , 1 vol. in-8 , br.
Le Nouveau Robinſon , 2 vol. in-12, fig. br.
                                            6 liv.

# MISOGUG,

## OU

## LES FEMMES COMME ELLES SONT.

## INTRODUCTION.

UN vieux château s'élevoit jadis sur une montagne que baignoient les eaux de l'Euphrate, & ce château se nommoit *Fenler* : ce fut dans cette demeure aérienne que Misogug reçut le jour.

Le père de Misogug, presqu'aussi vieux que son château, avoit servi, pendant long-tems, dans les armées du Roi de Babylone, & se croyoit au moins l'égal de ce Monarque, parce qu'il avoit un château sur une monta-

A ij

gne & trois demi-lunes dans son écus-
son. C'étoit un terrible homme que ce
vieux Fenler : il ne parloit à son fils
que des batailles qu'il avoit gagnées,
que des villes qu'il avoit prises d'as-
saut, que des vaisseaux qu'il avoit
coulés à fond : desirant d'en faire un
homme accompli dans l'art de tuer
son prochain, il lui donnoit, chaque
jour, des leçons qu'il brûloit de voir
justifiées par des exemples, & il est
certain que Misogug seroit infailliblement devenu un héros, si le grand
Orosmade n'en avoit d'abord ordonné
autrement.

La mère de ce jeune homme étoit
une fort belle dame d'environ soixante
ans, qui, depuis un grand mois au
moins, ne mettoit plus de rouge ni de
plumes, visitoit beaucoup plus souvent les mosquées & les hospices que
les spectacles, s'agenouilloit devant
toutes les images de Mithra ou Milit-
ta, & rougissoit encore comme un

enfant à tous les mots belliqueux que lâchoit fon très-cher époux. Elle avoit fur-tout une haine prodigieufe pour tous les jeunes feigneurs de la contrée; mais en récompenfe, elle aimoit beaucoup à converfer avec le précepteur de fon fils, & foupiroit en le regardant.

Le précepteur du jeune Mifogug fe nommoit le Mage Alloyo. Il prétendoit que l'homme faifoit beaucoup de fottifes, parce qu'il fe laiffoit gouverner par fes paffions; mais qu'il étoit facile de les vaincre, & fur-tout celle de l'amour, la plus impérieufe de toutes; & qu'ainfi il étoit poffible de ne jamais faire de fottifes. Un auteur, qui n'étoit point Mage, lui prouva qu'il en difoit une fort grande en raifonnant de la forte. Cet auteur n'avoit fait qu'une très-petite brochure. Pour le combattre, le Mage lui répondit par fix gros volumes *in-folio*, qui le terraffèrent. On dit que ce Mage étoit un très - grand Philofophe.

Il éleva le fils de Fenler dans ces principes auftères, & prévoyant bien que jamais l'amour ne l'entraîneroit dans aucun défordre, que jamais aucune beauté ne lui feroit tourner la tête, il lui donna lui-même le nom de *Mifogug*, qui, en langue babylonienne, fignifie *ennemi des femmes*. Tout auroit dû fomenter l'averfion de Mifogug pour le beau fexe : fon père ne lui avoit parlé que de combats ; le Mage Alloyo ne lui avoit donné que des leçons de chafteté, ainfi que fa mère ; les femmes enfin auroient dû lui paroître des monftres. La nature, hélas ! fut la plus forte : la nature l'emporta même fur le redoutable Alloyo, & l'apprentif ftoïcien fit autant de fottifes qu'un homme fenfible.

L'inftant approchoit où le jeune Mifogug alloit avoir l'agrément d'un emploi dans les troupes du Roi de Baby-lone. Le vieux Fenler ne tarda pas à

en recevoir la nouvelle. Auffi-tôt il
fait appeller fon fils, & lui apprend
avec des larmes de joie que le Roi des
Rois vient enfin de lui accorder la
noble permiffion de tuer fes freres, &
l'avantage inappréciable de fe faire
tuer lui-même : il abaiffe enfuite jufqu'à lui fon front cicatrifé, approche
fa barbe vénérable de la joue délicate
du jeune homme, & lui ordonne dé
partir.

Les adieux de fa mère ne furent
ni moins touchans ni moins tendres.
Après avoir exhorté à beaucoup fré-
quenter les Mofquées & les Mages,
elle lui donna une lettre pour un riche
négociant de Babylone, où il devoit
aller prendre quatre cents pièces d'or
qu'elle deftinoit au paiement de fon
emploi : elle l'embraffa enfuite, & ne
témoigna aucun regret, s'étant fait
une loi de vaincre les foibleffes de la
nature qu'on appelle fentimens mater-
nels, & y étant parvenue graces aux

A iv

sages préceptes de l'infaillible Alloyo.
Celui-ci, de son côté, le Mage Alloyo,
présente à son jeune élève un livre
qu'il avoit composé sur les ruses des
femmes, & les tours malins & nombreux que ce sexe adroit se plaît à
jouer aux hommes. Je voulois, mon
fils, lui dit - il, vous accompagner à
Babylone, pour vous mettre à couvert des périls qui vont vous envi-
ronner ; quelques petites considéra-
tions me retiennent : tenez donc ! prenez ce livre, & portez - le toujours
avec vous. Il vous apprendra à vous
défier de ce qu'il y a de plus dangereux pour un jeune homme : lisez-le
nuit & jour, & nuit & jour il vous
entretiendra dans la crainte de Dieu
& des femmes. Misogug accepte le
présent, & le Docteur ayant donné
plusieurs fois le baiser de paix à son
disciple, revient tranquillement dans
le plus beau théâtre qu'il y eut alors
aux environs de Babylone.

Il faut que les femmes foient des êtres bien pernicieux, difoit Mifogug, puifque mon maître n'a ceffé de m'en dire du mal, & qu'il a compofé un livre contr'elles : il veut qu'on les fuie, qu'on les détefte. Mon maître ne peut fe tromper : déjà je les abhorre ; je fens que je ne les aimerai jamais. Comme il achevoit ces mots, fon char étoit aux portes de Babylone ; il en defcendit pour la mieux admirer, & fut un peu furpris en y entrant de voir quelques maifons infiniment plus belles & mieux bâties que le château de Fenler. Il le fut encore davantage d'y rencontrer des femmes beaucoup plus jolies que fa refpectable mère, que des Mages, qui venoient dîner chez elle, comparoient quelquefois au foleil & aux étoiles. A l'afpect des jeunes Babyloniennes, il trouva que les Mages étoient d'affez mauvais juges, & fe fit une autre idée des étoiles & du foleil. Il auroit bien voulu accofter ces êtres charmans qu'il voyoit défiler devant lui avec tant de légéreté & de grace; mais il se rappelloit les leçons que lui avoit données le grand Alloyo, celles qu'il avoit lues dans son livre; & ce souvenir faisoit soudain luire à ses yeux les rayons (1) de la sagesse, & réprimoit ses moindres desirs.

Après avoir beaucoup considéré les Babyloniennes avec un peu plus d'attention que les maisons & les rues, malgré le livre d'Alloyo & les sages préceptes de ce grand homme, il se souvint qu'il avoit une lettre à donner à un riche négociant, qui devoit lui remettre quatre cents pièces d'or pour payer son emploi militaire. Ce négociant demeuroit loin, & ce ne fut pas sans peine qu'il arriva chez lui. D'a-

_____

(1) Un souvenir qui fait luire des rayons ! Comme cela est oriental. On trouvera beaucoup de choses de ce genre dans cet Ouvrage.

bord il fut tellement étourdi par le bruit des chars qui se heurtoient, s'accrochoient & se croisoient, que, pendant quelque tems, il crut qu'il étoit devenu sourd. Le bruit ne tue pas les gens, disoit Misogug : je m'y accoutumerai à la longue ; mais ces vilains chevaux qui sont toujours prêts à vous renverser ; mais les roues de ces chars qui vous fraulent à chaque instant les jambes ; mais cette boue qui vous réjaillit sur le visage & dans les yeux, tout cela peut avoir des suites fâcheuses, & je suis étonné que, dans une ville aussi bien policée que Babylone, on ne remédie pas à ces inconvéniens. N'auroit-elle été construite que pour les personnes qui ont un char & des chevaux, ou la moitié de ses habitans a-t-elle le droit d'écraser l'autre ?

Tout en parlant de la sorte, Misogug marchoit, ayant ses deux mains sur son visage pour se garantir de la

A vj.

boue ; & lorſqu'à travers ſes doigts il
voyoit venir à lui de grands vilains
courſiers montés par d'autres animaux
à mouſtaches un peu plus brutaux
qu'eux, il ſe rangeoit dans un coin
pour les laiſſer paſſer ; & là jurant
contre Babylone, ſes chars, ſes co-
chers & ſes chevaux, il ne ſe remet-
toit un peu qu'en lorgnant de nouveau
les jeunes Babyloniennes. Après avoir
juré & lorgné, il arrive enfin chez ſon
négociant.

Des eſclaves qu'il trouve dans l'an-
tichambre, lui offrent de l'eau pour
ſe laver : il ſe lave, & cette ablution
ne lui fut pas inutile. Le croiroit-on ?
Il étoit venu tout crotté des ſuperbes
rues de Babylone.

Quoiqu'il n'aimât point l'argent,
celui qu'il reçut lui fit oublier ce petit
déſaſtre ; mais un inconnu qui l'avoit
vu entrer chez le négociant d'un air
aſſez affairé, lui joua un tour dont il
ne ſe conſola point auſſi vîte. Cet

homme l'avoit attendu dans la rue en
se promenant, & ayant l'air de ne songer à rien, mais courant à sa rencontre dès qu'il en sortit. Eh ! bon jour,
mon ami, lui dit-il ! Comment vous
portez-vous, depuis que je n'ai eu le
plaisir de vous voir ?—Fort bien, répondit Misogug d'un air étonné ; mais
où nous sommes-nous vus, je vous
prie ?—Comment ! vous ne vous souvenez plus de votre ami *Sandeck* que
vous laissâtes à Memphis, répliqua le
Babylonien ? — A Memphis ! je n'y
ai jamais été. Je ne suis parti que de
ce matin du château de Fenler, & je
vous jure par les tourelles de ce beau
château que je voyage pour la première fois de ma vie.— Ah ! pardon !
je m'étois trompé. Vous ressemblez
beaucoup à un Mingrelien de mes amis
qui vient quelquefois à Babylone ; je
vous ai pris pour lui, & voilà d'où
naît mon erreur. Pour me mettre à
même de la réparer, votre seigneurie

voudroit - elle accepter un mauvais
souper qu'on prépare chez moi? Misogug se rengorgea à cette invitation,
& se crut un homme d'importance
dans Babylone, parce qu'un inconnu
le prioit à souper. Il suivit Sandeck,
qui le conduisit aussi-tôt dans une maison meublée sans beaucoup d'élégan-
ce, mais avec assez de propreté. Après
s'être lavés l'un & l'autre avec des
eaux parfumées, ils se mirent à table.
Les courses que Misogug avoit faites
lui avoient donné de l'appétit; il mangea beaucoup & parla peu. Sandeck
au contraire parla beaucoup & mangea peu. A force de parler, il découvrit que Misogug venoit de toucher
quatre cents pièces d'or, & alors il
ne dit plus une parole. Misogug qui
le vit tout - à - coup s'attrister & se
taire, lui demanda ce qu'il avoit. Hélas! dit-il, j'avois hier ce que je n'ai
plus aujourd'hui; j'avois une maison
de campagne fort belle à quatre lieues

de Babylone ; le feu y a pris cette
nuit par l'étourderie d'un de mes pal-
freniers ; tout a été consumé, & je
me vois réduit à rien. Cette maison
des champs me rapportoit assez pour
en avoir une à la ville, & je vais être
obligé de déménager dans quelques
jours, moi, ma femme, mes enfans &
mes esclaves, si quelque personne charitable ne me prête du secours ; que
dis-je ? je serai obligé de me jetter
dans l'Euphrate, la tête la première,
ou d'aller de caravanserail en caravanserail mendier le pain de la pitié,
& me désaltérer dans le breuvage de
la honte. Misogug étoit généreux &
compatissant. L'image d'une maison de
campagne brûlée par l'étourderie d'un
palfrenier, des enfans, une femme,
des esclaves, un honnête citoyen prêt
à périr, lui arrachèrent des larmes,
& son cœur s'affligeant réellement sur
les malheurs de l'humanité, tenez,
dit-il à Sandeck, voilà cent pièces

d'or que je suis assez heureux pour
vous offrir; allez réparer votre maison des champs; donnez à manger à
votre femme, à vos enfans & à vos
esclaves, & ne vous jettez point dans
l'Euphrate. Sandeck enchanté se récrie
sur la beauté de ce procédé, s'épuise
en remerciemens, en exclamations de
reconnoissance, & cependant voulant
paroître à son tour aussi grand que
Misogug, il refuse la somme sur ce
qu'il ne peut la rendre que dans trois
jours. Misogug, pour le mettre encore plus à l'aise, lui dit qu'il peut
l'attendre trois mois. Sandeck tombe
à genoux, baise la poussière de ses
pieds, se relève & disparoît comme
l'éclair. Misogug un peu surpris de le
voir sortir si vîte, crut qu'il avoit été
lui faire son billet, & qu'il viendroit
bientôt le lui porter lui-même. Plusieurs hommes armés entrent tout-à-
coup, & lui ordonnent de la part du
grand *Desterham* de leur dire s'il n'a

point vu un nommé *Sandeck ?* Je viens de souper avec lui, répond Mifogug ; il n'y a qu'un inftant qu'il eft forti par cette porte. A peine il a achevé ces mots, que celui qui paroît être le chef de la troupe, fait figne à fes inférieurs de courir après Sandeck pour le prendre, & demeure avec Mifogug. Savez-vous, lui dit-il bientôt, en le regardant fixement, favez-vous avec qui vous étiez tout à l'heure ? Avec un fort honnête homme, répliqua Mifogug. Avec le plus grand efcroc de Babylone, ajouta vivement l'officier du grand Defterham. On le cherche par-tout pour lui imprimer avec un fer chaud un croiffant fur l'omoplate, & lui donner enfuite de l'emploi fur les galères du Roi de Babylone. Sandeck un efcroc ! s'écrie Mifogug indigné ; lui, ce vertueux citoyen, à qui je viens de prêter cent pièces d'or, pour réparer fa maifon de campagne qui a été brûlée, & qui,

fans cela, fe feroit jetté dans l'Euphrate plutôt que de faire des baffef-
fes. O Vifnou ! ô Brama ! Comment
fouffrez-vous de pareilles colommies !
Sandeck n'eft qu'à deux pas ; je vais
l'avertir, & il vous prouvera que vous
mentez & n'êtes vous-même qu'un
fourbe infigne : il veut fortir, à ces
mots, pour courir après Sandeck. Un
efclave l'arrête, & le tirant par la
manche, le fomme très-poliment de
lui payer fes peines & celles de fon
maître. De ton maître, dit Mifogug !
Et n'es-tu pas l'efclave de Sandeck ?
Et n'eft-ce pas Sandeck qui m'a donné
à fouper ? Nous ne connoiffons point
Sandeck, répond l'efclave. Apprenez
que vous êtes chez le grand reftaura-
teur de Babylone ; que c'eft lui qui
vous a donné à fouper, & que fa cou-
tume n'eft point de traiter les étran-
gers gratis.

Je n'étois point chez Sandeck, dit
Mifogug en lui-même ! le perfide !...

Se tournant enfuite vers l'officier du grand Defterham, il lui demanda excufe de l'avoir injurié ; mais celui-ci voyant qu'il a prêté cent pièces d'or à Sandeck, veut jouir du même avantage, & lui fait entendre que, s'il n'en reçoit pas autant de lui à l'heure même, il ira le dénoncer comme le complice de Sandeck, & lui fera fubir inceffamment le même fupplice. Mifogug, qui ne vouloit compromettre ni fa liberté ni fon omoplate, donna encore cent pièces d'or à l'officier du Defterham, paya le fouper à l'efclave, & fortit en jurant qu'il ne fe rendroit plus aux invitations d'un inconnu.

A peine il fut dans la rue que réfléchiffant à fon aventure, & s'adreffant au Mage Alloyo, comme s'il avoit été là : O mon cher maître, dit-il ! vous m'avez fait préfent d'un livre où je dois apprendre à me défier de tous les pièges que peuvent me tendre les femmes de Babylone. Vous auriez bien dû m'en donner un qui m'éclairât fur la malice des Babyloniens, & m'empêchât d'être la dupe de ces fripons, qui viennent vous dire que leur maifon de campagne eft brûlée, & qu'ils vont fe jetter dans l'Euphrate. Mifogug commença à croire que le Mage Alloyo n'étoit pas infaillible dans fes opinions, & il regarda avec un peu moins d'effroi les êtres charmans qu'il lui avoit confeillé de haïr. J'aurois dû, ajoutoit-il, au lieu de m'amufer à fouper avec un inconnu, aller tout de fuite chez le Miniftre qui doit me faire avoir un emploi dans les troupes du Roi de Babylone. Allons-y de ce pas pour réparer ma fottife, s'il eft poffible ; mais, Ciel ! comment me préfenterai-je chez lui à préfent qu'il ne me refte que deux cents pièces d'or à lui offrir ? Il me refufera peut-être…… Cette réflexion atteroit Mifogug. Le vieux Fenler lui avoit tant vanté la gloire des armes, qu'elle lui étoit de-

venue chère, & il pleuroit en songeant que les deux cents pièces d'or
qu'il n'avoit plus pouvoient l'empêcher de devenir un héros.

## ZUMILLA.

COMME il marchoit abforbé dans
ces triftes penfées, une vieille femme
le tira par fon doliman, & lui dit à
l'oreille : Mon bon feigneur, voulez-
vous venir voir à deux pas d'ici la plus
belle dame qu'il y ait dans Babylone ?
Mifogug, un peu étonné, lui demande
quelle eft cette dame? Un ange ter-
reftre, une houris; le paradis de Brama n'en a point de plus adorable, lui
répond la vieille. Quoique l'afpect des
jeunes Babyloniennes eut fait perdre
un peu de fon crédit à la morale auf-
tère d'Alloyo, Mifogug cependant n'a-
voit point encore dépouillé ce vieux
refpect qu'infpire un gouverneur que
l'on croit un fage : dites à votre houris, répliqua-t-il, que, fût-elle encore

plus adorable, le plus savant & le plus vertueux des hommes m'a défendu de l'aller voir. Qu'est-ce que c'est que le plus savant & le plus vertueux des hommes, ajouta la vieille en branlant la tête, & frappant la terre de son bâton? —— C'est le docteur Alloyo, Mage, qui m'a servi de gouverneur. —— Votre Alloyo fût-il plus savant & plus vertueux que le grand Zoroastre, son fondateur, je prétends moi qu'il ne peut être qu'un sot, puisqu'il vous a fait une telle défense; & puis, est-ce qu'un Alloyo se connoît en belles femmes? Moquez-vous de ses conseils, & suivez-moi. S'il étoit ici, je voudrois qu'il vînt lui-même rendre hommage à la céleste Zumilla. En achevant ces mots, la vieille entraînoit Miso-gug, qui se disoit tout bas : Je fais mal de désobéir à mon maître; le Ciel m'en punira sans doute. Cependant que trouverai-je d'agréable dans Ba-bylone, s'il faut que je refuse de voir

les plus belles dames qu'il y ait ? . . .
Je crois que mon philosophe n'avoit
pas le sens commun. Tout-à-coup il
se trouve dans l'appartement de Zumilla, & quelle fut sa surprise en le
parcourant des yeux & se rappellant
celui qu'il avoit occupé dans le château de Fenler !

L'appartement de Zumilla étoit meu-
blé avec autant de goût que de ma-
gnificence. Les plus belles étoffes de
Phénicie en couvroient les murs, cou-
vertes elles-mêmes de peintures qui
offroient une partie des victoires que
l'Amour a remportées sur les belles &
les différentes formes qu'il a prises
pour les subjuguer ; & c'étoit d'ad-
mirables tapis de Madras & de Sadras
qu'on y fouloit aux pieds, quoiqu'ils
représentassent des objets dessinés avec
un soin extrême. Tous ces objets
étoient bien dignes de fixer les regards ; mais ce qui d'abord charma le
cœur de Misogug, ce fut la douce lueur

des bougies ; les unes pofées fur des vafes d'albâtre, & d'autres fous des criftaux recouverts d'une gaze blanche, reffemblant à l'aftre pâle de la nuit, lorfqu'il eft à demi voilé, répandoient dans la chambre de Zumilla un jour douteux & tendre qui invitoit au plaifir, & donnoit à chaque fibre le treffaillement de la volupté. Que d'autres fpectacles non moins attrayans l'excitèrent auffi-tôt dans le cœur du jeune homme ! Un lit fuperbe, placé fur une eftrade magnifique que des amours groupés au-deffous fembloient foutenir en l'air fur leurs aîles déployées, flottoit, pour ainfi dire, au milieu de ce féjour enchanté. Mifogug le prit pour le trône d'un Dieu que d'autres Dieux fe plaifoient à balancer dans les nues. Et comment l'auroit-on pu accufer d'erreur ? Celui du myftère étoit auprès, fous la figure d'un beau jeune homme, qui d'une main étendoit fon doigt fur fa bouche

en

en figne de filence, & de l'autre s'ef-
forçoit de fermer les rideaux, que de
plus jeunes Amours relevoient avec un
fin fourire, & celui du fommeil pla-
nant au haut & portant dans fes mains
des couronnes de pavots, où s'entre-
laçoient des rofes, les éparpilloit fur
le mol édredon, & tenoit fufpendu un
grand tableau déroulé où différentes
figures s'offroient fous les traits des
fonges phantaftiques. On voyoit aux
quatre coins fur des piédeftaux dorés
des caffolettes précieufes où brûloient
l'aloës & le fandal, & les nuages de
parfum qu'exhaloient ces aromates
délicieux, ayant l'air de s'arrêter ex-
près autour de ce beau lit, & s'y ran-
geant dans un défordre pittorefque,
rappelloient tout ce que les defcrip-
tions de Poëtes ont de plus féduifant,
& ce que le génie des Orientaux à
jamais imaginé de plus merveilleux.
C'étoit dans ce lit fomptueux ou plutôt fur cet autel augufte que la belle

Zumilla, prêtreffe de la volupté, at‑
tendoit un facrificateur.

Dès que Mifogug parut, elle gronda
fort la vieille duègne de ce qu'elle fai‑
foit entrer chez elle un homme, lorf‑
qu'elle étoit au lit, & la duègne, qui
étoit accoutumée à ces réprimandes,
n'y répondit qu'en fe retirant, & en
laiffant feul le facrificateur avec la prê‑
treffe. D'abord on lui fit quelques
queftions qui avoient l'air de ne vifer
à rien. On lui demanda s'il y avoit
long-tems qu'il étoit à Babylone ; ce
qu'il y venoit faire, & quel motif l'y
attiroit. Le jeune Mifogug, qui croyoit
de bonne foi être interrogé par une
déeffe, lui répondit en fe profternant
& avec le friffonnement du refpect
qu'il étoit parti le matin du beau châ‑
teau de Fenler, & qu'il étoit arrivé
à Babylone quelques heures après.
Cette réponfe fut fuivie d'autres quef‑
tions auffi importantes. A force d'en
faire au jeune Mifogug, Zumilla lui

donna de la hardieſſe ; il leva les yeux qu'il avoit tenus juſqu'à ce moment baiſſés vers la terre ; il vit la belle Zumilla, & il fut ébloui de ſa beauté ; il la vit lui ſourire, & ce ſourire le mit hors de lui-même.

La déeſſe qui porte un ſceptre de plomb, & dont le char eſt traîné par des hiboux, avoit fait la moitié de ſa courſe, que le jeune Miſogug payoit encore des tributs de reſpect aux charmes adorables (1) de la belle Zumilla. Il ſentit que le ſommeil alloit l'arrêter lui-même au milieu de ſa carrière ; il voulut s'y oppoſer, mais ce fut vainement. Arriver du château de Fenler, courir enſuite dans les rues de Babylone & paſſer la nuit avec la belle Zumilla, étoient des exploits qui auroient fatigué le Dieu Viſnou ou le demi-Dieu Hercule. Miſogug vit clai-

______

(1) Expreſſion très-orientale. On en trouvera beaucoup de ce genre dans cet Ouvrage, & nous croyons devoir le répéter.

rement qu'il n'étoit ni Hercule ni Vischnou, & il s'endormit. La belle Zumilla ne s'endormit point. Comme on voit la proue d'un vaisseau que les vents entraînent, imprimer au loin derrière elle une longue ondulation sur les flots, ainsi les plaisirs qu'elle venoit de goûter avoient laissé dans tous ses sens une oscillation de volupté qui livroit son ame à une douce langueur mille fois plus aimable que le sommeil même. Cependant le jeune Misogug crut voir en dormant son précepteur Alloyo qui le gourmandoit avec fureur, & l'arrachoit du lit de la belle Zumilla, pour le reconduire au château de Fenler ; il se lève en sursaut, s'habille à la hâte, & ayant par hasard porté la main dans la poche de sa ceinture, il voit avec surprise qu'il lui manque cent pièces d'or ; il les cherche par - tout, & les apperçoit enfin sous le chevet de la belle Zumilla ; il lui demande à qui sont ces cent pièces d'or : elles font à toi, lui dit-on d'un air riant, tu peux les emporter, fi tu en as befoin. Mifogug étoit fi enivré de fon bonheur, qu'il crut s'être trompé en s'imaginant qu'il lui manquoit cent pièces d'or ; il remercie la belle Zumilla de fon offre obligeante. La belle Zumilla lui donne fa main à baifer, & il la falue lui promettant plufieurs fois de revenir la voir.

A peine il fut dans la rue que fongeant à fon aventure, il fe dit à lui-même : Comment fe fait-il que mon vieux docteur Alloyo ait cherché à m'infpirer tant de haine & d'éloignement pour les femmes ? La plus belle qu'il y ait dans Babylone vient, non-feulement de m'accorder fes faveurs, elle a voulu encore me faire préfent de cent pièces d'or. Voilà donc les dangers que j'avois à courir avec ce fexe aimable ! O vous, que j'ai cru le plus fage des hommes ! je crains bien,

B iij

mon cher maître, que vous n'en foyez
le plus infenfé.

L'aurore commençoit à dorer de fes
rayons les tours à demi-ruinées de
l'ancien temple de Bel, & ils perçoient
déjà à travers les arbres de ces fameux
jardins qu'une grande Reine avoit fait
bâtir en l'air, lorfque Mifogug, for-
tant de chez la belle Zumilla, alla prendre un logement qui donnoit fur un
des quais les plus magnifiques de Babylone ; delà il aimoit à voir aller &
venir fous fes fenêtres des hommes
de tout pays & de toute profeffion ;
la variété de leurs habits, leurs airs,
leurs manières, leur langage l'intéref-
foient & l'amufoient. Au beau château de Fenler, difoit-il, mes yeux
ne pouvoient être frappés que du lever & du coucher des aftres, ou de
quelques vieilles chèvres qui brou-
toient l'herbe dans le vallon : ici je
vois tout ce qui peut plaire à des re-

gards philofophes; tout ce qui peut égayer l'efprit & exercer la penfée. Dans ce beau château d'ailleurs, il n'y a point de Zumilla qui vous faffe paffer de nuit délicieufe & vous offre encore de vous prêter de l'argent. Babylone vaut mieux que Fenler.

L'aventure de la belle Zumilla faifoit oublier à Mifogug qu'on lui avoit déjà volé trois cents pièces d'or, qu'il avoit failli être écrafé dans les rues de Babylone, & qu'un officier du grand Defterham l'avoit menacé de lui faire marquer l'omoplate. Il eft vrai qu'une bonne nuit fait oublier quelquefois de bien mauvaifes journées, comme le dit Zoroaftre, & que les faveurs d'une jolie femme font un antidote bien doux contre les rigueurs du deftin. Mifogug cependant ne tarda pas à voir, comme l'a dit encore le grand Zoroaftre, que tout, dans ce monde, n'eft que vanité & illufion.

Cette femme, dont il étoit fi charmé, l'avoit fait suivre adroitement par un esclave, qui revint lui dire en peu de tems où il s'étoit logé ; & bientôt il reçut de la belle Zumilla une lettre conçue en ces termes :

« La plupart de mes compagnes ont
» un char élégant traîné par des che-
» vaux barbes. Je n'ai que des che-
» vaux andaloux, & je voudrois aussi
» avoir un char traîné par des chevaux
» barbes. Un Satrape de mes voisins
» en a de très-beaux à vendre & à bon
» marché : il ne me manque que cent
» pièces d'or pour les acheter. Con-
» çois-tu quel seroit mon bonheur, si
» tu pouvois m'envoyer cette petite
» somme : mon lit que tu as tant ad-
» miré, mes charmes & moi seroient à
» jamais à ton service. Ce soir même,
» pour te le prouver, je ne me ser-
» virois du char que pour t'aller pren-
» dre : je te menerois chez-moi ; nous
» y souperions seuls, & tu éprouve-
» rois bientôt que tu n'as point de

» plus fidelle ni de plus tendre amie
» que Zumilla ».

Mifogug fut fi enchanté de cette lettre, que, fans réfléchir qu'il ne lui reftoit plus que cent pièces d'or, il les donna tout de fuite à l'efclave, & le congédia en le priant de dire à fa maîtreffe qu'elle n'avoit point dans toute l'Afie d'adorateur qui lui fût plus dévoué, & qu'il alloit l'attendre jufqu'au foir, elle & fes chevaux barbes, avec la plus vive impatience. Dès qu'il fut feul cependant, il fentit quelqu'inquiétude en fongeant qu'il n'avoit plus d'or, & que fans or on ne pouvoit rien faire dans Babylone, pas même fe faire tuer honorablement, ou tuer les ennemis de l'état ; mais, difoit-il, la belle Zumilla m'a offert elle-même cent pièces d'or avec tant de grace ! Comment aurois-je pu lui refufer celles qu'elle vient de me demander ? Mifogug étoit fi diftrait par fon bonheur & fi peu intéreffé, qu'il

B v

ne penſoit pas que cent pièces d'or
auroient dû lui reſter encore, ſi la
belle Zumilla avoit été auſſi diſtraite
& auſſi peu intéreſſée que lui.

La nuit arriva pourtant, & Miſogug ne vit arriver ni Zumilla ni les
chevaux barbes : il crut que ces der-
niers étoient malades ; que peut-être
Zumilla l'étoit elle-même, & il ſortit
ſoudain, réſolu d'aller chez elle à pied.
Je n'ai plus d'or, il eſt vrai, diſoit-il
en marchant avec vîteſſe, & ne pouvant plus acquérir le droit de me
battre en bataille rangée, je ne ſerai
point un héros ; mais qu'importe la
gloire ? qu'importe la fortune, quand
on eſt aimé de Zumilla ? Zumilla me
tiendra lieu de tout, & ſon cœur, qui
eſt à moi, n'eſt-il pas préférable à tous
les honneurs & à toutes les richeſſes
du monde ? Il heurta à la porte de la
maiſon de Zumilla en achevant ces
paroles, & on ne lui ouvrit point :
il heurta une ſeconde fois, & alors

une voix qui partoit d'une fenêtre à demi-ouverte, lui cria avec colère : Qui êtes-vous ? que demandez-vous ? Surpris de ces brusques interrogations, Misogug répondit en balbutiant, qu'il venoit savoir si la belle Zumilla étoit contente des chevaux barbes. Est-ce que vous êtes marchand de chevaux, ajouta-t-on ? O Ciel, répliqua Misogug avec encore plus de surprise ! moi, le fils de l'illustre Fenler, un marchand de chevaux ! moi, qui arrive aujourd'hui du noble château de mon père ! Eh bien ! retournez-y, répondit la voix avec insolence, ou craignez qu'une prompte rosée, un peu moins odorante que celle du matin, ne vous chasse de cette porte. La belle Zumilla est, en ce moment, avec le grand Receveur des douanes de l'empire ; ils causent ensemble d'affaires très-importantes, & qui ont rapport au bonheur de l'état, & je ne pense pas qu'ils aient besoin pour cela ni de

palfrenier ni de valet d'écurie. La fenêtre fe ferma à ces mots, & Mifogug
ftupéfait s'écria : ô vénérable Alloyo!
que n'ai-je fuivi tous vos confeils!
que n'ai-je mieux lu votre livre ! Je
fuis joué, je le vois; je fuis baffoué,
vilipendé, moqué & je le mérite bien.
La belle Zumilla me préfère un grand
Receveur des douanes , & elle m'a
vendu une nuit deux cents pièces d'or.
Il pleuroit en parlant de la forte , &
il ne fortoit plus de fa bouche que
le nom de Zumilla.

Rentré chez lui , il prit le livre du
docteur; le lut deux ou trois fois de
fuite, le baifa avec tranfport, & jura
de ne jamais en lire d'autres. Cependant il n'avoit plus d'or, plus de réf-
fource pour s'en procurer, plus d'ap-
pui, plus de foutien que fes honora-
bles parens & fon gouverneur refpectable. Il refta encore deux ou trois
jours à Babylone : il alla dans quelques maifons pour fe faire des amis,

& n'en trouvant point qui voulût
foulager fes peines, les amis en ce
tems-là étoient très-rares à Babylone,
il faut, dit-il, que je retourne au beau
château de Fenler ; c'eft le feul parti
qui me refte : mais que dira mon père
me voyant revenir fans les marques
guerrières de fon état ? Que dira fur-
tout le docteur Alloyo, lorfqu'il faura
que trompé par une femme......Un
Archi-mage qui entre en ce moment,
fuivi d'un efclave qui portoit une
bourfe, ne lui laiffa pas le tems d'a-
chever : tenez, dit-il, voilà une bourfe
qui vous appartient, & il la fit jetter
fur une table. A moi, répond Mifogug étonné, & à quel titre ? Vous ne
l'ignorez pas, lui dit l'Archi-mage
d'un air riant, & il fort fans s'expliquer davantage. Mifogug prend la
bourfe, & court après l'Archi-mage
pour la lui rendre ; mais il étoit déjà
loin. Il fit mettre auffi-tôt dans le
général advertifer de Babylone que

deux inconnus étoient venus lui remettre une somme confidérable qui ne
lui appartenoit pas, & qu'il les prioit
inftamment de venir la reprendre. Il
crut enfuite que c'étoit une reftitu-
tion qu'on lui faifoit ; & peu de jours
après, il foupçonna avec raifon que
ce pouvoit être un préfent. Il y avoit
environ deux fiècles qu'il s'étoit élevé
à Babylone une grande difpute parmi
les Mages, & qui même les divifoit
en deux fectes. L'une prétendoit qu'il
falloit peindre le grand Orofmade avec
une barbe ; l'autre, qu'il falloit le peindre fans barbe. Voici comment raifon-
noient les barbus. Un être qui exifte
de tout éternité doit porter le fym-
bole de la vieilleffe. Or, le grand
Orofmade exifte de toute éternité ;
donc le grand Orofmade doit être
peint avec une barbe, qui eft le fym-
bole de la vieilleffe. Ce fillogifme étoit
retourné de mille & une manières dans
les livres des favans Barbus, & ils

avoient compofé dix mille & un volumes au moins pour le faire comprendre au peuple. Les imberbes, qui
n'avoient pas été moins féconds, fou-
tenoient une thèfe toute différente. Un
être, difoient-ils, qui a toutes les per-
fections ne doit porter aucun figne
d'imperfection. Or, la barbe eft un
figne d'imperfection, puifqu'elle eft
naturelle à l'homme; donc le grand
Orofmade doit être peint fans barbe.
Des raifonnemens auffi profonds jet-
toient tous les bons efprits dans le
doute, & perfonne n'ofoit prononcer
fur cette importante queftion. Mifogug, qui croyoit un Dieu tout bon-
nement, fans s'embarraffer s'il avoit
ou non de la barbe, fe trouva un jour
dans une maifon où elle fut agitée.
Cette maifon étoit pleine de barbus
& d'imberbes. D'abord, on difputa
poliment; on pofa des principes; on
les difcuta, & on tira des conféquen-
ces. L'inftant d'après, la querelle s'é-

chauffa ; des argumens on en vint aux injures, & des injures on étoit près d'en venir aux coups. Misogug vit le moment où l'on alloit se prendre aux cheveux & aux barbes ; il fut choisi pour arbitre, & quoique son menton fut à peine couvert d'un léger duvet, il parla comme un sage qui en auroit eu une fort longue : il décida qu'il falloit peindre le grand Orosmade à demi-rasé, c'est-à-dire, barbu d'un côté & imberbe de l'autre. Chacun des deux partis crut qu'il lui donnoit gain de cause, & tout le monde fut d'accord. Ainsi la querelle cessa tout-à-coup, & les mentons des barbus furent à couvert des insultes de leurs fiers antagonistes. Ne pouvoit-il pas se faire que ce fût en reconnoissance d'un jugement aussi sage que le chef des Barbus, dont la secte étoit infiniment plus riche que celle des Imberbes, lui eût fait présent de la bourse d'or ? Il n'en douta plus un moment, en recevant la lettre suivante que lui attira vraisemblablement le général advertiser :

### *A Misogug le Barbu.*

« Le Dieu qui règne par la barbe
» sur tous les autres Dieux, a daigné
» te choisir pour annoncer sa loi, &
» c'est ce Dieu puissant qui t'a envoyé
» par moi, son esclave indigne, l'or
» céleste que tu dédaignes : jouis sans
» crainte de ce présent divin ; em-
» ploie-le à la conversion des enne-
» mis d'Orosmade, & que le poil le
» plus imperceptible de sa barbe soit
» adoré. ITOCHIPUL, Archi-mage ».

Misogug n'étoit ni superstitieux ni dévot ; mais il étoit pieux, & avoit cette crainte douce & mêlée de respect que la Religion donne : il crut voir la souveraine volonté d'Orosmade, exprimée dans cette lettre, & persuadé que rien ne pouvoit être mieux acquis qu'une somme qu'il lui

envoyoit par un Archi-mage, il ouvrit foudain la bourfe à laquelle il n'a-
voit point touché jufqu'à ce moment,
& y trouva deux mille doubles dariques babyloniennes. Cette fomme
l'effraya; jamais il n'avoit vu ni pof-
fédé tant de richeffes: fon premier foin
fut d'aller chez le Miniftre qui devoit
lui expédier un brevet pour fervir
dans les armées du Roi de Babylone,
& de lui porter les quatre cents pièces d'or. Le Miniftre, avant de lui délivrer fon brevet, fit examiner fa gé-
néalogie. Un fecrétaire, fort verfé dans
la fcience héraldique, y trouva mal-
heureufement que, fous la première
race des Rois de Babylone, un certain Ibrahim Fenler avoit dérogé en
faifant le commerce. Il le dit au Miniftre, qui n'entendoit point raifon
fur l'article des preuves, & qui ren-
voya Mifogug Fenler fans brevet, &
même fans efpoir d'en avoir jamais,
le Roi de Babylone ne voulant point,

quelque brave qu'on fût, que l'on
fervît dans fes armées, fi l'on avoit
eu un bifaïeul qui eût acheté & vendu du poivre ou de la canelle. Mifogug fut attéré de ce coup imprévu.
Le fecrétaire, qui l'avoit dénoncé, le
fuivit cependant jufques fous le por-
tique, & lui fit entendre qu'en relifant fes parchemins plus attentivement
& avec de meilleures lunettes, on
pourroit découvrir qu'Ibrahim n'a-
voit point dérogé. Mifogug, perfuadé
que le fecrétaire favoit lire & qu'il
avoit bien lu, ne voulut point con-
fentir à un nouvel examen, de peur
d'être condamné une feconde fois, &
il s'en alla défefpéré de ne pouvoir
entrer dans une carrière où il brûloit
de fe diftinguer.

Comme il fortoit de chez le Miniftre, une vieille l'aborde de nouveau,
& lui propofe de le conduire chez une
des plus belles dames qu'il y eût dans
Babylone. Retirez - vous, lui dit - il

brufquement ; je me fouviens de la belle Zumilla, & plus encore des fages avis de mon gouverneur : je me fens affez difpofé à aimer les belles dames ; mais elles font un peu perfides, & déjà l'une d'elles ne m'auroît point trompé, fi j'avois été moins crédule. Il quitta la vieille à ces mots, & gagna fa demeure à toute jambe ; il difoit pourtant en lui - même : J'aurois dû peut-être aller voir cette belle dame ; peut - être elle eft auffi honnête que Zumilla l'eft peu : il me paroît difficile que toutes les Babyloniennes foient infidelles à leurs amans pour un Receveur des douanes de l'empire, & qu'elles vous laiffent aller à pied, quand vous leur avez fait préfent d'un bel attelage de chevaux barbes.

Arrivé chez lui, Mifogug fit une réflexion bien fage. Les rues de Babylone, dit-il, font pleines de vieilles qui viennent prier les paffans d'aller chez de belles dames : je pourrois y retourner de nouveau, malgré la juste défiance qu'elles m'inspirent & être de nouveau leur dupe. L'habit de Mage, dès qu'on le revêt, doit inspirer la modération des desirs & la continence : prenons un habit de Mage, & sûrement je ne serai plus tenté, & sûrement la sainteté de cet habit amortira en moi les feux de la jeunesse. Enfin, ajoutoit-il, si j'ai quelque velléité profane qui me fasse sentir que je suis homme, soudain cet habit m'avertira que je suis Mage. Qui croiroit que Misogug se trompa en raisonnant d'une manière aussi juste? A peine il eut sur le corps l'habit respectable, qu'il se sentit plus desireux qu'auparavant de ce qu'il auroit dû lui défendre. Ah ! je crains bien, reprit-il tout bas, qu'au lieu de me donner de la retenue, cette robe sacrée ne me fasse faire quelque sottise.

Misogug étoit curieux, & n'avoit encore rien vu dans Babylone, où

tant de chofes font dignes d'attirer les
regards ; il fortit donc, & prit le chemin du cirque. C'est une grande enceinte, au milieu de laquelle s'élève
un édifice de forme ronde, qui ref-
femble fort à un temple : il eft percé
de quatre portes qui répondent aux
quatre points cardinaux. Les Babyloniens s'y raffemblent en foule lorfqu'il
ne favent que faire ; ce qui leur arrive
fouvent : lorfqu'ils en reviennent, ils
croient s'être fort amufés. Il entendit
en y entrant une voix mélodieufe,
dont le volume rempliffoit le dôme
de l'édifice, & s'étendant même au-
dehors dans les allées qui l'environnoient, tenoit les oifeaux attentifs &
fufpendus en cercles fur les branchages. Il cherche un inftant d'où partent
ces fons harmonieux, & voit la belle
Zumilla affife fur une efpèce de trône
qu'on lui avoit dreffé. C'étoit la belle
Zumilla qui, rivale du roffignol, en-
chantoit les hôtes de cet afyle : tantôt

de fon gofier flexible partoient les ondulations rapides & brillantes de l'ariette; tantôt il pefoit avec majefté fur les graves intonations du récitatif : fon chant étoit tendre & voluptueux tour-à-tour; tour-à-tour impétueux & terrible, & faifoit fuccéder fans effort les foupirs pénétrans de l'amour à l'accent aigu du défefpoir. Quoique Mifogug aimât fort la mufique babylonienne, vingt fois il eut envie de détrôner cette moderne Philomèle, & de lui arracher la langue comme on l'arracha autrefois à une infortunée qui le méritoit moins que Zumilla; mais un mouvement de pitié le retint, & il fe contenta de dire en la regardant avec dédain : Qu'une Zumilla eft un être méprifable ! La belle Zumilla éclata de rire en le voyant de mauvaife humeur, & fon grand Receveur des douanes de l'empire qui l'écoutoit avec admiration, & d'autres connoiffeurs qui étoient là en extafe, prétendirent que cet éclat de rire lui avoit fait hauffer le ton d'un dièfe, & que ce changement de ton étoit une des plus heureufes fineffes de l'art mufical.

Mifogug fe mêlant dans la foule les laiffa battre des mains & crier *bravo*. Après s'être long-tems promené avec les oififs qui étoient là en grand nombre, il apperçut dans une allée folitaire une jeune Babylonienne qui fe promenoit toute feule, & qui fembloit rêver à quelque chofe. L'air étoit agité, & les zéphirs, en fe jouant dans les plis de fa robe, découvrirent aux yeux de Mifogug la plus belle jambe qui fût jamais entrée dans le promenoir des Babyloniens. Cette jambe lui fit tourner la tête. La tête à qui appartenoit cette jambe, entendant du bruit derrière elle, fe tourna pour voir qui la fuivoit, & dès qu'elle eût vu, la tête & la jambe allant beaucoup plus vîte, firent juger à Mifogug que

la

la perſonne à la belle jambe ne rêvoit plus à rien ; il doubla le pas à ſon tour. Cette jambe conduiſit les ſiennes dans une petite rue écartée & déſerte, & monta enſuite dans un appartement, où Miſogug ſe trouva avec elle ſans ſavoir comment il y étoit arrivé. Il pria, ſans ſavoir comment, la jeune Babylonienne de lui montrer de plus près ſa belle jambe. La jeune Babylonienne ne ſe fit pas beaucoup preſſer, parce qu'en effet elle avoit la jambe extrêmement belle & le pied infiniment petit ; elle fit plus : pour les mieux déployer l'un & l'autre, elle ſe mit à danſer, & telle qu'une nymphe, elle avoit l'air de courir ſur les fleurs, ſans en courber la tige ; prenant Miſogug pour le Dieu Pan, tantôt elle l'entouroit d'une guirlande qu'elle avoit détachée de ſa ceinture, tantôt elle lui ſourioit agréablement, & par mille attitudes voluptueuſes verſoit dans tous ſes ſens les enchan-

*Partie I.*                                  C

temens de l'amour avec les philtres
de la volupté. La guirlande cependant
alloit son train. La nymphe s'étant en-
lacée avec Mifogug dans ce lien charmant, & le traînant par-tout avec
elle, le força enfin à danfer, fi bien
que Mifogug, fuivant affez gauchement tous les mouvemens de la belle,
mais ne perdant pas une occafion de
fatisfaire fes vœux, baifoit en pi-
rouettant, tantôt le fein & le vifage
les plus gracieux, & tantôt les rofes
de la guirlande ; ce qui étoit à-peu-
près la même chofe. Quoique dans ce
tems-là les Mages fuffent très-chaftes
& qu'ils ne regardaffent jamais les
jambes d'aucune Babylonienne, on
donnoit une récompenfe honnête à
toutes les dames de l'état de la Danfeufe, qui en faifoient arrêter un chez
elles, lorfque par un hafard fingulier,
ils y venoient pour y confidérer leurs
jambes. La danfeufe fit donc à une de
fes efclaves un figne qu'elle entendit

facilement, & cinq hommes armés entrant tout-à-coup, après avoir fait à Mifogug quelques plaifanteries fur ce qu'il avoit choifi un fi joli maître de danfe, fe faifirent de lui, & lui dirent en ricanant qu'ils alloient le mener chez le Cadilefquier de Babylone, qui lui apprendroit à danfer d'une autre façon. Mifogug avoit tellement eu les yeux attachés fur la belle jambe, qu'il ne les avoit plus reportés fur fa robe de Mage : il eut beau dire qu'il n'étoit point Mage, on le crut Mage, puifqu'il en portoit l'habit ; & n'ayant plus d'excufe à donner, il fuivit les officiers du Cadilefquier ; & lorfqu'il fut arrivé chez lui : fublime levier de la balance de juftice, lui dit-il, daigne pardonner à un jeune homme fans expérience la faute qu'il vient de commettre. Je jure par tes genoux que j'embraffe, que jamais jambe ne me tentera plus, fût-elle parée de l'agraffe précieufe qui brille au haut de ton

C ij

bonnet facré. Le Cadilefquier rit de
fa harangue, le condamna felon l'u-
fage à une amende de dix fequins au
profit de la dame à la belle jambe, &
le relevant avec bonté : Allez, jeune
homme, lui répondit-il, je vous par-
donne ; mais défiez-vous dorénavant
de toutes les jambes que vous verrez.
Mifogug paya l'amende, & remerciant
même le Cadilefquier. Que cet homme eft aimable, difoit-il ! je croyois
aller trouver mon juge, & il m'a parlé
en ami. J'euffe été puni bien plus fé-
vérement, fi l'on m'eût livré à la juftice des Mages. Mes très-chers con-
freres ne font pas auffi doux que ce
Cadilefquier ; ils font peu tolérans de
leur naturel ; que dis-je ? ils ne m'auroient jamais pardonné de m'être laiffé
prendre par une jambe.

Mifogug difoit vrai en parlant des
Mages de la forte ; très - complaifans
pour eux-mêmes, ils manquoient d'in-
dulgence pour les foibleffes des autres.

Itochipul cependant n'avoit point
adopté leur morale févère, & Mifogug auroit pu l'excepter de l'anathême. Comme il fortoit de chez le Cadilefquier, il rencontra cet honnête Archi-mage qui venoit rendre vifite au
juge. Enchanté de le revoir, Mifogug
tombe à fes pieds pour le remercier
de la bourfe qu'il lui avoit envoyée,
& pour s'excufer même de ce qu'une
belle jambe lui a fait profaner l'habit
le plus révéré. Je fais tout, lui dit
l'Archi-mage en le relevant; le préfent
& l'avenir me font découverts par
une grace particulière que m'a faite le
grand Orofmade, & par les connoif-
fances que j'ai acquifes dans l'aftrolo-
gie judiciaire. Croyez que vous ne
ferez pas toujours puni pour de jolies
jambes; croyez qu'un tems viendra
où deux belles jambes ne marche-
ront que pour vous fuivre; croyez
enfin que vous ferez heureux en femmes. Le Ciel me permet de vous faire

C iij

cette prédiction ; mais quittez un habit qui ne sied point à un homme de votre âge ; un habit qui excite les paſſions loin de les appaiſer, lorſqu'on le porte ſans avoir la vocation néceſſaire ; quittez-le, dis-je, promptement, & laiſſez faire le reſte à la deſtinée.

Il s'éloigne à ces mots, & le laiſſe dans un étonnement qu'il eſt facile de comprendre. Eh quoi! dit Miſogug en retournant chez lui, l'Archi-mage Itochipul m'aſſure que je ſerai heureux en femmes, & le Mage Alloyo prétend qu'elles feront mon malheur! O Alloyo! ô Itochipul! lequel de vous deux faut-il croire? Alloyo juſqu'à préſent n'a que trop bien deviné ; des deux femmes que j'ai connues, l'une avec ſes jolies jambes m'a fait arrêter & payer une amende honteuſe, & l'autre m'a éconduit pour un Receveur des douanes. Itochipul, je crains bien que vous ne ſoyez un mauvais prophète ; Alloyo, j'ai bien peur que vous n'ayez toujours raison.

Un peu remis de sa frayeur malgré ce discours, Milogug résolut d'aimer, dût-on le tromper encore. Il avoit craint jusqu'à ce moment de trop se répandre dans le monde, de peur d'y rencontrer à chaque pas ces êtres qui devoient le trahir. Arrivé chez lui, il fait venir les ouvriers les plus habiles de Babylone, quitte ses habits sacrés, en prend de plus élégans & de plus commodes, & se procure un char léger & de beaux chevaux tartares. Il trouva, après s'être servi deux ou trois fois de ce dernier, qu'il étoit beaucoup plus agréable d'être molle-ment porté dans les rues de Babylone que de s'y traîner au milieu de la boue ; il ne jura plus tant contre les chars & les chevaux ; il se pavanoit dans le sien, mais sans orgueil, sans morgue insultante, & jamais sur-tout, jamais il n'écrasa personne ; que dis-je ?

Il congédia fans pitié un cocher mé-
fopotamien, le plus adroit & le plus
large des épaules qu'il y eût dans la
ville, parce qu'il avoit renverfé un pa-
nier d'ananas & bleffé un petit chien
en paffant dans une rue un peu étroite.
Il prit le petit chien avec lui, le fit
guérir, & le rendit à fon maître avec
les ananas, pour lefquels il lui paya
dix dariques, quoiqu'ils n'euffent été
endommagés que foiblement. Il n'a-
voit pas moins de refpect pour la vie
des petits chiens que pour celle des
hommes, & il payoit toujours des
ananas, quand il étoit caufe qu'on les
avoit gâtés.

Il ne tarda pas à avoir fes entrées
dans les meilleures maifons de Babylone, & même à s'y faire defirer. Il
étoit aimé, accueilli & bien venu par-
tout, parce qu'il avoit de l'efprit &
n'étoit point tranchant, de la figure
& point de fatuité, de la naiffance &
point de hauteur ; parce qu'écoutant

beaucoup & parlant peu, son langage
étoit simple & naïf comme son ame ;
parce qu'il ne décidoit jamais, ne con-
trarioit jamais les petits despotes des
cercles, & que ces Messieurs, le prenant pour un sot, ne pouvoient point
le haïr. Misogug enfin plaisoit à tout
le monde sans y songer & sans y prétendre.

Un bel esprit Babylonien a dit qu'il
faut être content des autres pour l'être
de soi - même : Misogug l'étoit de
tout le monde, parce que tout le monde l'étoit de lui. Une noire mélancolie
cependant le dévoroit : quelque chose
manquoit à son bonheur ; il le sentoit
& ne pouvoit en dire la cause. Au milieu des plaisirs son cœur étoit vuide
& désoccupé ; & quand on est sensible comme Misogug, c'est du cœur
que viennent les plus douces jouissances. Il entendit parler d'un spectacle
où l'on rioit beaucoup ; il y alla pour
se distraire : c'étoit une comédie qu'on

devoit jouer ; il la vit annoncée sur
l'affiche. Une comédie, dit-il en la li-
sant ; bon ! je rirai, & certes j'en ai
grand besoin. Il entre dans la salle ; elle
étoit éclairée de mille lustres de cris-
tal suspendus en l'air, & dont la lumière, répétée par les diamants des
femmes Babyloniennes rangées en de-
mi-cercle, la remplissoit d'autant de
clartés que le jour en peut faire éclore.
Ce premier coup-d'œil le charma, &
dissipa un peu sa tristesse. Une toile se
lève ; il voit des valets qui d'abord
s'expriment assez gaiement, & font
des plaisanteries passables. Misogug
commençoit à rire, & son chagrin le
quittoit par degrés ; l'intrigue de la
comédie se noue par des incidens malheureux, par des revers inattendus
quoique vraisemblables, & les acteurs
jouent avec un naturel sublime. Misogug veut se livrer encore à la joie ;
mais le rire avorte sur ses lèvres : il
voit pleurer autour de lui ; il pleure

à son tour, & des larmes coulent de
ses yeux en abondance. Qu'il est cruel,
disoit-il en essuyant ses yeux avec colère, de pleurer malgré soi lorsqu'on
a envie de rire ! Est-ce qu'on ne fait
que pleurer à ce théâtre, ajouta-t-il,
en s'adressant à un de ses voisins ?
Oui, Monsieur, lui répondit celui-ci :
depuis quelques tems, c'est la mode à
Babylone ; on n'y donne plus que des
comédies pour pleurer, & si l'on y rit
quelquefois, ce n'est qu'aux tragédies
nouvelles. Ah ! dit Misogug satisfait,
je viendrai aux tragédies nouvelles ;
sans doute, on en joue beaucoup ?
Deux ou trois fois par an, répliqua
le voisin. Qu'entends-je, s'écrie Misogug ? On ne rit à Babylone que
deux ou trois fois l'année ? J'en suis fâ-
ché pour les Babyloniens. Cette nation
me paroissoit née pour la gaiété. Mais
pourquoi donne-t-on si peu de tragédies par an, puisqu'elles sont si comi-
ques ?—Je n'en sais rien ; mais voilà

C vj

auprès de vous un homme qui pourra vous l'apprendre ; il a fait trois opéra bouffon qui ont eu le plus grand fuccès. C'eft un génie unique ; il fait Ariftote par cœur, & n'ignore rien de ce qui fe paffe dans les couliffes. A ces mots d'opéra bouffon, Mifogug, oubliant fa première queftion, demanda à fon voifin ce que c'étoit que l'opéra bouffon. Comment ! vous ne connoiffez pas l'opéra bouffon, lui répond le voifin fcandalifé ! Mais d'où fortezvous donc, & de quel pays venezvous ? L'opéra bouffon eft le fpectacle le plus charmant, le plus délicieux, le plus intéreffant. On doit rire à cet opéra, puifqu'il eft bouffon, dit Mifogug en lui-même. Il remercia le voifin de l'avoir fi bien inftruit, & le lendemain il fe fit conduire à l'opéra bouffon : il y arriva que le fpectacle étoit déjà commencé.

# FANFOUKA.

SEMBLABLE à un convive affamé qui se rend un peu tard au lieu du festin, & craint que les meilleurs morceaux n'aient été mangés en son absence, Misogug étoit très-affligé que l'on eût ri sans lui; mais quelle fut sa surprise, en entrant dans la salle, de voir que toutes les femmes de l'amphithéâtre & des loges avoient un grand mouchoir blanc à la main, & s'essuyoient les joues & les yeux même, au risque d'ôter leur rouge : il les prit toutes pour des folles; il se trompoit. C'étoit une folle véritable qu'il apperçut en ce moment sur le théâtre, qui faisoit couler ces larmes par son jeu passionné & tendre. Il fut un peu étonné que l'opéra bouffon fût si sérieux; & désolé enfin que chez le peuple le plus gai de l'Asie il n'eût encore rien trouvé qui pût dissiper sa tristesse, il resta au spectacle jusqu'à la fin, mal-

gré l'envie qu'il avoit de livrer son
ame à des senfations moins doulou-
reufes. Il rit un peu cependant, lorfqu'au milieu des fcènes les plus inté-
reffantes, il entendit les acteurs, qui
jufqu'à ce moment avoient parlé, interrompre tout-à-coup leurs difcours
pour frédonner une ariette ou rou-
couler une romance ; il trouva que
ces romances & ces arriettes cou-
poient fort mal-à-propos le dialogue,
& que ce n'étoit pas imiter la nature
que de mêler ainfi le chant & la con-
verfation. Ce ridicule l'amufa un moment, & bientôt il retomba dans fa
mélancolie.

Quand cette bifarre repréfentation
fut finie, il defcendit, & apperçut
dans un coin du périftile une dame
toute feule qui avoit auffi l'air inquiet
& affligé. Cette conformité de fituation excita fa curiofité ; il demanda
très-refpectueufement à cette dame ce
qui pouvoit la rendre fi trifte. Hélas !

dit-elle, un de mes chevaux s'eſt caſſé la jambe en conduiſant ici mon char pour me ramener chez moi. Je ſuis à pied ; ma demeure eſt éloignée ; je ne ſais comment faire pour m'y rendre. Miſogug, dont les chevaux n'étoient point boiteux, offrit à cette dame de la reconduire. Elle l'accepta ſans ſe faire beaucoup prier, & la belle dame, pendant tout le trajet qu'ils firent enſemble, ne ceſſa de ſe plaindre de ſon cocher, qui la mettoit dans le cas d'avoir beſoin d'un char étranger pour revenir chez elle. Miſogug ſe félicita d'un pareil accident, puiſqu'il lui procuroit l'occaſion d'obliger une ſi belle perſonne. Cette belle perſonne le trouva fort poli. Miſogug aſſura qu'il n'avoit aucun mérite à l'être. Bref, de complimens en complimens, Miſogug ſe trouva dans la chambre de la belle Fanfouka, ſans ſavoir comment il avoit pu oublier à ce point les déſagrémens qu'il avoit déjà eſſuyés avec

deux Babyloniennes. La belle Fanfouka, qui avoit trouvé sa figure aussi
jolie que ses manières affables, voulut lui prouver qu'elle étoit polie à
son tour, & que sur-tout elle savoit
reconnoître les services qu'on lui rendoit; elle ferma la porte de sa chambre, & s'asséyant sur un large sopha,
elle lui offrit très-civilement d'y prendre place. Un peu surpris de cet excès
de gratitude, & craignant qu'il ne ca-
chât quelque piège, Misogug refusa
de s'asseoir, quoiqu'il en eût la plus
grande envie. La belle Fanfouka avoit
des charmes qui auroient fait succom-
ber le derviche le plus austère. Fâchée
de cette résistance, à laquelle elle n'é-
toit point accoutumée, elle se leva aus-
sitôt, & d'un air moitié riant & moitié courroucé, elle tend ses lèvres de
rose au sévère Misogug, & le prie de
lui donner un baiser. Misogug recule
d'effroi à cette demande; il se rappelle ce que lui ont coûté les baisers

donnés à Zumilla & à la Danseuse; il
se rappelle sur-tout les graves & nom-
breuses remontrances de son gouverneur Alloyo, dont la prophétie d'Itochipul n'avoit point encore triomphé,
& jure qu'il ne touchera point aux
lèvres de Fanfouka, quoique la fleur
du matin soit moins fraîche & moins
vermeille, quand l'aurore vient de
l'arroser de ses larmes.

Eh bien ! dit-elle alors, puisque la
douceur ne peut rien sur vous, sachez
qu'il y a chez moi une magicienne
toute puissante qui fait voler par la
fenêtre tous les jeunes gens qui refu-
sent de me baiser sur la bouche, &
craignez, à l'instant même, de faire le
saut périlleux. Depuis l'aventure de
Zumilla, Misogug portoit toujours
dans sa poche le livre que lui avoit
donné le grand Alloyo; & se doutant
bien qu'une pareille menace ne peut-
être qu'un tour de femme que veut
lui jouer la Babylonienne, il le tire

foudain, & le parcourt pour voir s'il
n'y trouvera point quelque moyen de
s'y fouftraire. Hélas! le livre ne parloit point de ce piège maudit. Mifogug alors s'approche de la fenêtre,
regarde en-dehors pour en connoître
la hauteur, & la trouve déméfurée :
il revient à Fanfouka, & mérite de
n'être point jetté dans la rue.

Fanfouka qui s'étoit emparée du
livre de cet ennemi des femmes, &
qui s'en étoit amufé un inftant, le lui
remit en riant. Tu ne voulois pas de
moi, lui dit-elle ; tu croyois que ton
gouverneur alloit triompher de mes
charmes : tiens, voilà fon livre ; il eft
affez bien écrit ; mais il y manque une
chofe : ajoute le tour que je viens de
te jouer à ceux qui y font déjà. Jamais
un homme n'eft forti de chez moi par
la fenêtre, & il n'y a point d'autre
magicienne que moi-même.

Mifogug trouva le tour plus plaifant
que celui de la belle Zumilla, & il en

auroit beaucoup ri fans doute, s'il n'avoit point toujours eu préfent à l'efprit le vénérable Alloyo, qui, la férule à la main, le gourmandoit jufques dans fes fonges ; il offrit un diamant à la belle Fanfouka qu'elle s'obftina à refufer, difant que tous les diamans de l'Inde ne valoient point le plaifir. Mifogug enchanté rentra chez lui en difant : Je commence à croire qu'Itochipul fera le bon prophète, & qu'Alloyo n'étoit qu'un vieux radoteur.

Il s'abufoit, & ne fut pas long-tems fans éprouver qu'il eft des faveurs cruelles & faites pour rendre l'amour odieux. Le grand Alloyo n'avoit point oublié dans fon livre cet inconvénient, qui, tout défagréable qu'il étoit, fut oublié par Mifogug, dès qu'il pût fe remontrer dans la fociété.

A fa première fortie, il rencontre un ami qui le conduit au fpectacle le plus magnifique & le plus brillant qu'il y eut alors à Babylone. On y donnoit une pièce nouvelle. La falle étoit remplie de fpectateurs, & de femmes fur-tout, qui paroiffoient toutes plus belles les unes que les autres, & faifoient de ce féjour enchanteur un fecond paradis de Brama. Les yeux de Mifogug furent éblouis, & bientôt une mufique harmonieufe charma fes oreilles. Il vit un payfage immenfe où fe trouvoient des tombeaux, des autels, des trônes, & autour d'eux des Dieux, des Diables, des Rois, des Reines, des Héros, des Prêtres, des Prêtreffes, dont quelques-uns étoient tantôt enlevés jufqu'aux cieux & tantôt engloutis dans les enfers. Il ne fit guères attention que tous ces gens-là chantoient féparément ou enfemble, & que leurs airs mélodieux exprimoient tour-à-tour la fureur & la volupté, l'indignation & la trifteffe, la langueur & le défefpoir. Ce qui l'étonna le plus, ce fut de parcourir dans l'efpace de deux heures, non-seulement l'univers exiftant, mais tous les univers poffibles : il ne concevoit pas pourquoi on lui faifoit faire tant de chemin en fi peu de tems. Tout cela eft très-beau, dit-il; mais tout cela m'ennuie. N'avoit-il pas raifon ? Les prodiges accumulés font affadiffans, quoi qu'on en dife; & pour avoir trop fenti, l'ame finit par ne plus rien fentir. Mifogug enfin fe feroit endormi, s'il n'avoit été frappé de la beauté d'une femme qui étoit vis-à-vis de lui, & que tout le monde regardoit avec admiration : il demanda qui elle étoit. On lui répondit que c'étoit une Mingrélienne très-comme il faut, & fur-tout très-vertueufe; qu'elle n'avoit permis qu'une feule fois à fon mari de remplir le devoir conjugal, & que fes mœurs étoient de la plus grande auftérité, quoiqu'elle vît beaucoup d'hommes, & que même elle eût l'air de fe plaire infiniment dans leur fo-ciété. Elle eft vertueufe, dit Mifogug

en lui - même ! Jusqu'à présent je n'ai
eu à faire qu'à des femmes qui ne l'é-
toient point du tout : quel bonheur
d'en trouver une enfin qui soit digne
de mes hommages ! Il faut absolument
que j'en fasse mon amie ; elle me don-
nera des conseils ; je lui en donnerai
peut - être ; nous veillerons récipro-
quement sur nos sentimens, sur nos
actions ; nous ferons ce qui est bien ;
nous éviterons ce qui est mal, & nous
nous soutiendrons l'un l'autre dans le
sentier de la vertu, & la prédiction
d'Itochipul s'accomplira peut-être,

## ZALLATÉ.

LE jour suivant, Misogug se fit in-
troduire dans une maison où la belle
Zallaté alloit quelquefois ; elle y étoit
ce jour-là parée de tous ses charmes.
Misogug, en la voyant de plus près,
eut encore plus d'envie de recevoir
de ses conseils. On se mit à table ; il
eu soin de se placer vis-à-vis d'elle,

& pendant le souper, il disoit de tems
en tems : Quel plaisir de l'avoir pour
amie ! Misogug, après le repas, offrit
à la belle Zallaté de la reconduire chez
elle. La belle Zallaté n'avoit point ses
gens ; elle accepta, & lorsqu'ils furent
tous deux seuls, Misogug lui déclara
que, depuis long-tems, les femmes le
touchoient beaucoup moins par leur
beauté qne par les qualités de leur
ame ; qu'il avoit trouvé en elle ce qu'il
desiroit, & il la conjura de vouloir
bien lui servir de guide dans le monde. La belle Zallaté rougit & baissa
les yeux ; elle les releva, & vit Misogug de fort près : sa figure lui plut, &
il lui parut digne d'être mis au rang
de ses esclaves ; & elle jugea à son
tour que c'étoit un homme prudent,
réservé & sage, & elle lui dit à son
tour que, depuis long-tems, elle cher-
choit un Mentor qui fût en état de
lui montrer les pièges où le monde
pouvoit entraîner sa foiblesse, &

qu'elle se félicitoit de l'avoir trouvé
en lui. Misogug & la belle Zallaté par-
lèrent si long-tems sur la sagesse, sur
la vertu & sur les dangers que l'une
& l'autre courent dans le monde; ils
se promirent tant de s'éclairer mutuel-
lement sur leurs défauts, & de s'exciter l'un l'autre à la vertu & à la sagesse, que la nuit s'écoula sans qu'ils
s'en apperçuffent, & que le jour les
surprit, se jurant encore d'être à jamais unis par la sagesse & la vertu.
Misogug avoit le teint enflammé & le
gosier sec, parce qu'il avoit trop parlé;
& la belle Zallaté avoit les yeux hu-
mides & le teint pâle, parce que Misogug lui avoit parlé avec un peu trop
de véhémence. Misogug s'en alla, &
la belle Zallaté s'endormit en songeant
à un homme aussi sage. Le lendemain
il retourna chez elle pour continuer
ses leçons : il espéroit les donner encore & en recevoir tête-à-tête ; mais
il la trouva au milieu d'un cercle
d'adorateurs,

d'adorateurs, qui tous l'environnoient d'hommages. La belle Zallaté qui n'en aimoit aucun, pas même Mifogug, avoit l'air d'être fenfible pour chacun d'eux, & chacun d'eux fe croyoit en fecret préféré par cette idole de fon ame : à l'un, elle rendoit un doux regard pour une tendre fleurette ; à l'autre, un fourire pour un compliment fade : celui-ci lui baifoit la main, & elle le laiffoit faire ; celui-là le bout de fa robe, & elle n'y prenoit pas garde : tantôt elle s'attriftoit avec le mélancolique ; tantôt elle s'égayoit avec le railleur ; tous enfin fortoient de chez elle remplis d'efpoir, & tous n'auroient plus eu de vœux à former, fi l'efpoir eût été le bien fuprême. Quelquefois la Circé pouffoit la complaifance jufqu'à leur laiffer prendre un peu de fes cheveux, & c'étoit une faveur qu'ordinairement elle accordoit en cachette pour la rendre plus piquante.

*Partie I.*            **D**

Mifogug étoit fimple & vrai, com‑
me déjà je l'ai dit : il avoit le cœur
bon & l'ame droite. Il prit la coquet‑
terie de Zallaté pour une noble fran‑
chife, & les bontés dont elle hono‑
roit fes amans pour des politeffes fans
conféquence. Elle s'arma, dès qu'il
parut, de tout ce qu'elle avoit de fé‑
duifant & d'aimable. Elle faifoit au‑
tant de dépenfe pour un Philofophe
que pour un Satrape ; & fon ambition
& fon defir de plaire étoient fi éten‑
dus, que la conquête d'un pauvre
Chamelier l'auroit flattée autant que
celle d'un Monarque. Mifogug ne put
réfifter à fes nombreufes agaceries ; il
fentit que fon amitié fe changeoit peu‑
à-peu en amour, & bientôt il n'en
douta plus à la vivacité de fes defirs
& au défordre de fes penfées ; il con‑
centra néanmoins fa paffion, parce
que l'amour vrai eft toujours un peu
timide. Enfin, le moment de l'explo‑
fion arriva ; & quoiqu'il s'y prît un
peu gauchement pour déclarer fa flam‑

me, on l'écouta avec douceur, & on lui laissa même entrevoir assez clairement qu'avec des soins assidus, elle ne resteroit pas sans récompense. Misogug augura si bien de son début, qu'il s'imagina & même crut fortement qu'il ne tarderoit pas à être heureux; il ne l'avoit pas été à la première entrevue. Ce qui le désoloit véritablement, c'est qu'il ne pouvoit plus parler en particulier à sa maîtresse, & que, depuis ce premier tête-à-tête qu'on lui accorda avec beaucoup de facilité, on n'avoit jamais voulu lui en procurer un autre. La belle Zallaté en agissoit toujours ainsi avec ses adorateurs pour les embarquer plus promptement, & les engager à voguer avec sûreté sous sa perfide étoile.

Misogug lui disoit sans cesse qu'il l'adoroit; mais on soupire de mauvaise grace devant témoins, & tout ce qu'il disoit n'étant jamais que la moitié de fa penfée, la belle Zallaté rioit aux éclats en voyant fa contrainte, & le bon Mifogug, loin de fe fâcher, croyoit que cette gaieté étoit feinte, & que la Mingrelienne ne s'y abandonnoit fi librement, qu'afin de mieux cacher le trait dont l'amour l'avoit bleffé. La folie de Mifogug étoit de fe croire adoré.

Après fix mois de conftance, de fupplications & de tourmens, il obtint néanmoins le rendez-vous qu'il defiroit avec tant d'ardeur. La belle Zallaté l'invita à fouper tête-à-tête : il faillit mourir de joie en l'apprenant ; mais la joie ne le fuivit point jufques chez fa maîtreffe : jamais tête-à-tête ne fut fi trifte. On ne rit guères lorfqu'on defire, & Mifogug étoit confumé de defirs : il dévoroit des yeux la belle Mingrelienne ; il comptoit tous fes charmes ; il comptoit les baifers dont il alloit les couvrir : l'image des plaifirs qu'il fe promettoit

l'occupoït si fortement, que les momens lui sembloient des siècles & les
heures une éternité. La table étoit
chargée de mets recherchés & irri-
tans ; un amant n'est jamais sans appétit. Misogug mangea & but beaucoup sans dire une parole. Cependant
tous les philtres de l'amour s'insinuè-
rent dans son ame par tous les orga-
nes, & des liqueurs brûlantes l'en-
flammèrent d'une nouvelle ivresse. La
belle Zallaté, un peu surprise de le
voir si taciturne, prit, à son tour, un
air languissant & rêveur pour lui donner encore plus à penser ; elle alla
même jusqu'à soupirer en le regardant, sans mot dire : enfin, elle se lève
de table en chantant. Misogug crut entendre la voix de l'Amour qui l'ap-
pelloit au bonheur, & cet air mélodieux lui parut être le signal de la
victoire. Il suit sa déesse dans un boudoir de stuc, où l'éclat des lumières
multiplié à l'infini par les glaces adroi-

D iij

tement pofées, lui fit croire à l'inftant qu'il étoit dans le palais du foleil ; fon cœur treffaillit à l'afpect de ce fanctuaire : il paroiffoit orné pour une fête, & il eut la fimplicité de s'en croire le Dieu. Zallaté fe jetta négligemment fur une pile de carreaux, & s'y trouva affife de manière que ce qu'elle laiffoit voir de charmes enflammoit pour ceux qu'on ne voyoit pas. Ce ftratagême ne pouvoit manquer fon effet ; il agit fi puiffamment fur Mifogug, que perdant toute retenue & fe livrant fans réferve à fes tranfports, il tenta des entreprifes qui alarmèrent la pudeur de la belle Zallaté. Elle ne s'attendoit pas à être attaquée avec tant de violence : irritée de voir fa prévoyance en défaut, elle s'arme d'un regard févère, & traitant Mifogug avec le dernier mépris : Eh! quoi! lui dit-elle, eft-ce ainfi que vous me récompenfez de la confiance que je vous ai témoignée ? Je vous donne un rendez-vous pour caufer avec vous de fageffe & de vertu ; vous paroiffez en l'acceptant ne pas avoir d'autre envie ; que dis-je ? vous m'avez mille fois juré de n'être que mon ami, & vous agiffez comme un corrupteur infâme ! . . . . Cruel ! quels font donc vos projets ? Eft - ce en m'aviliffant que vous efpérez de me plaire ? Et pourrez-vous encore m'ef-timer, quand vous m'aurez déshono-tée ? Ces mots, prononcés d'un ton impofant & accompagnés de la di-gnité la mieux étudiée, déconcertè-rent Mifogug ; il crut entendre tonner un Dieu vengeur, & le voir s'apprê-ter à punir fon audace. Il tomba auffi-tôt aux genoux de la belle Zallaté, & lui demandant pardon de fon incar-tade : Eh bien ! dit - il en pleurant, j'ai tort ; je le confeffe : vous êtes le charme de mes penfées ; vous ferez déformais la fouveraine de mes vo-lontés : je vous ai offenfée, mais mon

D iv

cœur en gémit ; mais combien j'expie ma faute par mes larmes, puisqu'il faut renoncer à ces faveurs que j'adore, & qui m'auroient mis au rang des immortels ! vous voyez mon repentir & mes remords ; ils effacent les plus grands crimes : laiffez-vous donc toucher, ô vous qui êtes plus belle que les faphirs , plus éclatante que les étoiles , & plus vertueufe que l'ange Iconiel ! Laiffez-vous toucher par celui que tant de fois vous avez appellé votre ami , & qu'un baifer foit le gage du pardon ! Ce baifer me fera mille fois plus doux que le miel dont fe nourriffent les céleftes Bambes, & les fleuves de lait qui coulent dans le Ciel me paroîtront mille fois moins fuaves.

Quelque touchante que fût cette prière, on refufa à Mifogug la grace qu'il imploroit : on ne lui donna point le baifer tant defiré, mais feulement la moitié d'un cheveu, faveur précieufe & rare dont il ne tarda point à fentir le prix. Mifogug s'en faifit avec avidité, le porte à fa bouche, l'humecte de fon fouffle amoureux, & s'afflige que fa ténuité ne lui permette point de lui faire des careffes plus folides. Ce lien, tout foible qu'il étoit, l'enchaîna à la belle Zallaté plus que n'auroient fait des nœuds indiffolubles. Il l'avoit à peine renfermé dans un petit vafe, compofé d'une feule améthyfte, qu'il portoit à fa ceinture, fufpendu par une chaîne d'or, que la porte du boudoir s'ouvre, & que le mari de la belle Zallaté paroît. Les maris Mingreliens font les moins jaloux du monde : celui-ci ne s'étonna point de voir fa femme feule dans un lieu deftiné à toute autre chofe qu'à parler de vertu & de fageffe, & demanda même s'il ne feroit point de trop.

Zallaté trouva la queftion impertinente ; & le regardant avec hauteur

D v

& mépris, vous favez bien, lui dit-elle, imbécille que vous êtes, vous favez bien que votre perfonne m'incommode chaque fois que je fuis en compagnie. Sortez, & ne vous mêlez point, je vous prie, de ce que je fais dans mon appartement ; je ne vais point, moi, vous troubler dans le vôtre. Si vous n'étiez point un homme fans ufage, vous vous feriez fait annoncer avant d'entrer ici : j'aurois fait dire que je n'étois point vifible, & vous ne feriez point venu y étaler votre fotte figure. Ce mari qui aimoit fa femme, chofe unique dans Babylone, fortit fans fe fâcher & fans rien dire ; & Mifogug le voyant traiter avec tant de dureté, ne le prit point pour un mari, mais pour un major-dome.

Il étoit tard cependant ; la belle Zallaté vouloit fe coucher, & Mifogug fut congédié à fon tour, mais de la manière la plus gracieufe, & qui con-

trafta finguliérement avec ce qu'il venoit d'entendre. Il traverfa, en for-
tant du boudoir, la chambre à coucher de fa maîtreffe, & fut un peu
étonné d'y voir étalés fur un large
fopha une peau d'agneau encore fu-
mante & les quartiers d'un jeune taureau fraîchement égorgé. Il ne concevoit pas pourquoi on faifoit une
boucherie du fanctuaire de l'Amour :
il demanda à une des femmes de Zallaté à quoi pouvoit fervir cet appareil fanguinaire. On lui dit que la belle
Zallaté appliquoit, chaque nuit, les
quartiers du taureau fur fes deux
joues pour conferver l'éclat de fon
teint, & que la dépouille de l'agneau,
ayant la vertu d'adoucir la peau &
même de la rendre plus blanche, elle
fervoit de robe-de-chambre à la belle
Zallaté. Mifogug trouva ces précau-
tions un peu bifarres ; il crut cependant que la belle Zallaté fuivoit cet
ufage feulement pour éloigner d'elle

D vj

Monsieur son mari, & prenant son
excès de coquetterie & sa barbarie
même pour un excès de fidélité ; il
n'y a pas à craindre, disoit-il, que
celle-ci me trahisse.

Lorsqu'il fut arrivé chez lui, il ouvrit son petit vase, & en tira la moitié du cheveu qu'il rebaisa avec tendresse ; mais que de tristes réflexions
vinrent l'assaillir en songeant que ce
cheveu descendant quelquefois sur
deux globes d'albâtre, & flottant sur
un col plus blanc que l'ivoire, avoit
pu servir à voiler des charmes que
son impétuosité lui avoit fait perdre.
Son désespoir alloit si loin que si le
cheveu avoit été plus long & plus
fort, il en auroit fait l'usage le plus
funeste.

Le lendemain, il alla se promener
dans un jardin public ; on touchoit à
ce moment où la nuit commence à
disputer au jour l'empire du monde.
Il s'avance lentement vers un bosquet

où, pour l'ordinaire, il se livroit à ses rêveries ; mais il étoit occupé par plusieurs jeunes gens qui s'entretenoient de leurs bonnes fortunes, & sans être vu, même sans le vouloir, il entendit leurs conversations. L'un disoit qu'il avoit passé plusieurs fois la nuit avec la femme d'un Satrape, qui l'avoit flatté de lui faire avoir le commandement des armées du Roi de Babylone ; l'autre montroit des lettres d'amour qu'il prétendoit avoir reçues d'une vierge du soleil, qui n'avoit pas moins d'éclat que cet astre lui-même, & se vantoit d'autant plus de cette faveur que ces vierges avoient la réputation d'être fort chastes. Un troisième fait voir le portrait de la femme du chef des Mages, qui passoit pour un modèle de vertu & de beauté, & qui n'avoit jamais ôté devant un étranger le voile qui couvroit son visage ; il le baise, & s'applaudit de le tenir de la main la plus chère. Un

quatrième fat se lève, & dit qu'il est
plus heureux que tous, qu'il a un cheveu de la belle Zallaté, faveur qu'elle
accordoit à si peu de monde, & détache en même tems un anneau où
ce précieux cheveu étoit enchâssé dans
l'or & les pierreries; il pousse plus
loin l'impudence : il cherche à faire
entendre que ce cheveu n'est pas le
seul qu'il ait déjà reçu, & qu'il pourroit faire une fort jolie pérruque de
tous ceux qu'il possède de la même
personne. Misogug, à ce propos, ne
peut contenir sa rage; il croit la vertu
de la belle Zallaté outragée, & jurant
de la venger, il s'approche de la porte
en treillage du bosquet ; & lorsque le
jeune homme au cheveu en sort, il
l'arrête par la manche, le conduit dans
une allée solitaire, & lui demande
raison de l'insulte qu'il vient de faire
à la vertu de la belle Zallaté. Dans ce
tems - là , tous les fats de Babylone
étoient braves : celui-ci tire aussi-tôt

fon cimeterre ; Mifogug s'arme du fien ; & voilà que , pour un cheveu , ils commencent un combat terrible. Mifogug eft le premier bleffé ; fa rage redouble à l'afpect de fon fang ; il s'élance en furieux fur fon rival, le renverfe à terre d'un coup mortel , & épuifé lui-même par fes efforts redoublés & par les douleurs que lui caufoit fa bleffure , il chancelle quelques inftans , & va tomber à fes côtés.

Son premier foin, malgré fes fouffrances , eft de porter la main fur celle du jeune homme, & d'arracher de fon doigt l'anneau fatal. Il fait plus : il le démonte avec le bout de fon cimeterre tout fanglant ; & qu'on juge de fa furprife, lorfqu'ayant comparé le cheveu qui avoit été caufe de la querelle avec celui qu'il porte dans fon améthyfte, il découvre que la couleur en eft la même, & qu'ils viennent tous les deux de la belle Zallaté ! Il fe lève, fe traîne vers le

jeune homme qu'il a tranfpercé, &
croit pouvoir encore lui donner des
fecours ; mais il n'étoit plus tems :
l'infortuné avoit rendu le dernier foupir. Mifogug alors maudiffant la coquetterie de la belle Zallaté, & fe
maudiffant lui-même, fut réellement
affligé d'avoir tué cet homme pour un
cheveu.

Cependant ce duel fait du bruit dans
Babylone , & les combats finguliers
y étoient défendus fous peine de l'é-
chaffaud. Les parens du mort font de
vives pourfuites, & Mifogug, pour
fe mettre à l'abri des rigueurs de la
loi, eft obligé de changer de nom &
de demeure, & de ne fortir que la
nuit. Quoique fa bleffure ne fût pas
mortelle, elle le retint au lit quelque
tems ; & pendant fa maladie, il rêvoit
encore à la belle Zallaté. On penfe
qu'il l'aimoit encore malgré fon caractère. Les femmes font des enchantereffes dont on n'apperçoit les dé-

fauts qu'après les avoir poffédées. Ce
n'eft pas que la jouiffance n'ajoute
quelquefois à l'énergie & à l'illufion
de l'amour ; mais elles fe démafquent
d'ordinaire, lorfqu'elles ont tout ac-
cordé , & voilà pourquoi les vérita-
bles coquettes, qui n'accordent jamais
rien , font fi difficiles à connoître.

Toujours en proie au même fen-
timent, quoiqu'il fût mêlé d'un peu
de défiance, Mifogug fort un foir pour
aller voir la belle Zallaté, & lui re-
procher fur-tout de donner de fes cheveux à plus d'une perfonne. Il monte,
de peur d'être vu des efclaves, par
un efcalier dérobé qu'une fuivante lui
avoit fait connoître ; il fait le moins
de bruit qu'il peut, & à peine arrivé
à la porte du cabinet de toilette de
la Mingrelienne, il l'entend parler avec
une de fes confidentes, & le nom de
Mifogug prononcé par elle frappe affez diftinctement fon oreille. Tous les
hommes font curieux , & fur - tout

ceux qui aiment. Mifogug voulant fa-
voir ce qu'on penfe de lui, refte à la
porte & écoute. Mifogug eft doué de
tout ce qu'il faut pour plaire, difoit
la belle Zallaté; il a de l'efprit & de
la figure; il a même une certaine candeur qui m'amufe & me fait rire : il
m'aime d'ailleurs avec fincérité; mais
qu'importe ? Mon cœur fut toujours
infenfible, & je ne l'aimerai jamais,
Oui, mon cœur eft fermé à toutes fes
qualités; à tous fes dons naturels &
à tous fes mérites. Le Ciel, dit-on,
m'a donné la beauté ; mais il y a joint
la froideur, préfent plus précieux encore ! & combien je le remercie à
chaque inftant de mon heureufe apa-
thie ! Eft-il des jours plus agités que
ceux des femmes paffionnées ? En eft-
il de plus paifibles que les miens ? Ces
bégueules bornent tous leurs vœux à
fixer un feul amant, & j'en ai mille
qui m'adorent; elles obéiffent, & je
commande; elles font efclaves, & je

règne ; que dis-je ? désespoir, jalou-
sie, fureur, tous ces vautours les dé-
vorent ; leur vie est un enfer ; elle
ressemble à ces mers orageuses que la
tempête & les vents déchaînés boule-
versent ; une onde tranquille & trans-
parente offre l'image de la mienne.
Elles perdent tout, lorsque leur unique amant les abandonne ; & si par
hasard je suis quittée, on se plaint de
moi hautement ; mon nom vole de
bouche en bouche chargé d'épithètes
qui prouvent qu'on m'a aimée, que
l'on m'aime encore peut-être, & ces
reproches multipliés ajoutent à ma
gloire, sans diminuer de mon bonheur : mon empire s'affermit de ce
qui détruit leur pouvoir, & le même
accident qui leur enlève tous leurs
plaisirs, me procure les plus douces
jouissances. Que me manque-t-il enfin ? Je vois à mes pieds tout ce que
la terre a de grand & d'aimable. Je
dompte l'univers d'un coup-d'œil ; &

ce qui eſt plus piquant, lorſque tout
s'agite, lorſque tout brûle autour de
moi, je reſte calme & indifférente, &
n'ai que la peine de me moquer en
ſecret des milliers de ſots qui m'a-
dorent.

Te l'avouerai-je, en un mot? ſi
Miſogug peut m'être cher, c'eſt ſeu-
lement depuis qu'il a tué l'homme au
cheveu : que ſon courage m'a charmée ! On a ſu par-tout que j'étois
cauſe de ce combat célèbre ; ma réputation s'en eſt accrue d'un tiers, &
ſi chacun de mes cheveux pouvoit
produire un pareil effet, duſſé-je devenir chauve, j'en ferois volontiers
le ſacrifice. Il faut te dire plus : Miſogug eſt pourſuivi maintenant par les
parens du jeune homme ; s'il vouloit
avoir la bonté de ſe laiſſer prendre,
& d'aller à l'échaffaud pour l'amour
de moi, que je lui aurois d'obliga-
tion ! ce double trépas me rendroit
immortelle, quoique je n'aie encore

que vingt ans ; & quand on aime la
gloire comme moi, peut-on y parvenir trop vîte ?

Ce difcours énergique ne laiffa plus
aucun doute à Mifogug fur le caractère de la Mingrelienne. Il jugea
de fon tendre amour par les vœux
qu'elle formoit pour lui : il fentit d'a-
bord quelqu'envie de la remercier,
mais il n'en eut pas le courage ; & retournant fur la pointe du pied, comme il étoit venu, il jura de ne plus
fe battre pour les cheveux d'aucune
femme.

## UN DANGER.

LE jeune homme tué par Mifogug
avoit un frère dont il étoit tendrement aimé, & qui fe nommoit Indab :
celui-ci, à force de recherches, par-
vint à découvrir la maifon qu'occupoit Mifogug, & forma, dans fon défefpoir, le projet de fe venger & de
le punir. Il auroit bien voulu l'appeller

à son tour à un combat singulier ;
mais les loix étoient expresses, & il
en craignoit la rigueur. Un soir donc
que Misogug rentroit chez lui, ac-
compagné d'un seul esclave, Indab l'at-
tendit dans une rue écartée, & sen-
tant sa fureur s'augmenter à l'aspect
du meurtrier de son frère, il s'élance
sur les deux hommes qu'il apperçoit
à peine au travers des ténèbres, &
prenant l'esclave pour le maître lui
donne un grand coup de poignard &
l'étend mort à ses pieds. Misogug,
quoique foiblement armé, saisit Indab
à la gorge d'une main, lui arrache son
poignard de l'autre, le traîne d'un bras
vigoureux dans la maison voisine, &
le dénonce comme un assassin à la po-
pulace qui s'attroupe. Indab déclare à
son tour que Misogug a tué son frère ;
ils sont tous deux arrêtés & conduits
en prison. Indab, comme le plus coupable, est plongé dans un cachot les
fers aux pieds & aux mains. Misogug,

qui s'étoit battu en homme d'honneur, est traité moins rigoureusement; on le conduit à la tour de Babylone, & il y est enfermé, les pieds & les mains libres, avec les scélérats de distinction.

La loi cependant ne faisoit point de grace aux duellistes. Misogug le savoit; il apprit que sa mort étoit prochaine, & il s'y résigna. Une fois que son parti fut pris, il ne songea plus qu'à s'étourdir sur son malheur, & à jouir des momens qui lui restoient. Ce qu'il redoutoit le plus n'étoit point la mort, mais l'ennui; il avoit des compagnons d'infortunes dans la tour où on l'avoit mis; mais séparé d'eux & habitant seul un donjon élevé, il ne voyoit de figure humaine que son geolier, & ces Messieurs ne sont pas gais d'ordinaire. Misogug se procura quelques momens agréables, malgré sa triste situation. Alloyo lui avoit inspiré le goût de la

Poésie ; & peut-on s'ennuyér & souf-
frir quand on aime les vers & qu'on
en fait ? Ce goût charmant eſt la con-
ſolation de l'homme, dans quelqu'é-
tat qu'il ſe trouve. Eſt-il heureux par
l'amour, l'amitié ou la gloire ? Il
chante ſes plaiſirs & les augmente.
Eſt-il malheureux par les mêmes cau-
ſes ? Eh bien! il chante ſes peines, &
il eſt ſoulagé. Miſogug chanta donc,
non ſes peines ou ſes plaiſirs, mais
un objet mille fois plus intéreſſant :
il chanta la Reine de Babylone ; ſon
chagrin étoit de ne pouvoir écrire les
vers qu'il venoit de compoſer pour
elle ; il demanda des tablettes à ſon
geolier, & ce fut en vain. Cet homme
ne ſavoit pas ce que c'étoit que la
Poéſie ; il n'avoit point eu un Alloyo
pour précepteur ; on ne lui avoit
point fait lire le livre d'aucun genre,
& pour toute réponſe il rit au nez
de Miſogug.

　　Deux Souverains adorés régnoient
　　　　　　　　　　　　　　alors

alors à Babylone. Le Roi Iſoül qui,
depuis peu, étoit ſur le trône, & qui
ſe défioit de ſa jeuneſſe, avoit donné
à ſon gouverneur, homme ſage & ex-
périmenté, le logement qu'occupoit
auparavant la maîtreſſe de ſon prédé-
ceſſeur, & il ne faiſoit rien & il n'or-
donnoit rien, ſans avoir conſulté ce
vieillard reſpectable. Le Roi Iſoül, en
ſe conduiſant ainſi, avoit gagné tous
les cœurs de ſes ſujets; il n'y en avoit
pas un qui ne bénît ſa bonté, ſa clémence & ſon amour pour la juſtice.
La Reine Immaroé uniſſoit aux qualités du cœur tous les dons de la nature; elle avoit tout ce qui fait aimer
la beauté dans un rang ordinaire, &
ce qui la fait adorer dans le ſuprême
rang : c'étoit une divinité ſous les
traits d'une mortelle; elle aimoit les
beaux arts & les protégeoit, & les
beaux arts en récompenſe lui procu-
roient des plaiſirs & lui rendoient des
hommages plus vrais que ceux de la

Cour. La Poéfie, la Mufique, la Peinture lui faifoient paffer des momens
délicieux; mais la Peinture ne lui offrit jamais rien de plus beau que fon
vifage; la Mufique avec tous fes inf-
trumens n'égala jamais les fons de fa
voix, & la Poéfie, malgré le droit
qu'elle a d'inventer, ne put jamais rien
feindre de plus merveilleux qu'elle.

Le Roi lifoit peu de vers, fe con-
noiffoit peu en tableaux, & alloit ra-
rement à l'Opéra. Les trois fœurs que
je viens de nommer, & qui enfantent
ces prodiges, font faites pour être
jugées & encouragées par les graces,
& le bon & vertueux Ifoüil laiffoit à
la Reine cet agréable département;
mais s'il lifoit peu les vers, il aimoit
la bonne profe, & de tems en tems
il donnoit de fages Édits qui valoient
mieux que de longs Poëmes; les ac-
clamations de joie & les bénédictions
de fon peuple, voilà les concerts qui
le flattoient, & le fpectacle le plus

cher à son cœur étoit celui d'une nation heureuse. Misogug ne put s'empêcher de célébrer des Souverains si
dignes d'être aimés ; & voici les vers
qu'il fit en l'honneur de la Reine, &
qu'il écrivit sur le derrière d'une soucoupe avec un petit morceau de verre
qu'il détacha adroitement de la lu-
carne qui éclaroit son donjon.

### La métamorphose des trois Déesses.

Ces jours passés, dans le sacré vallon,
Me promenant sur des roses nouvelles,
Je demandois au divin Apollon
Où je pourrois trouver ces immortelles
De qui Pâris termina les querelles.
Le Dieu m'entend : sous un ombrage frais
Il s'offre alors, & comblant mes souhaits ;
Il me répond : Une seule personne
De toutes trois possède les attraits ;
Oui, toutes trois respirent sous les traits
D'Immaroé, Reine de Babylone.

Les prisonniers de la tour étant
nourris aux dépens du Roi, & par
conséquent servis sur la vaisselle de
E ij

Sa Majesté, la soucoupe où Misogug
avoit tracé ce madrigal tomba entre
les mains d'un officier de la bouche,
qui savoit lire. Cet officier se nommoit Pansouf ; il lut les vers par hasard, les jugea passables ; & desirant
de savoir s'ils plairoient à la Reine,
il en fit tout de suite tirer & distri-
buer plusieurs copies à la Cour du Roi
Isoül. Quelques courtisans ne man-
quèrent pas de les réciter à son auguste
épouse ; & quoiqu'elle y fût louée,
elle les trouva charmans ; ils l'enchan-
tèrent même au point qu'elle fit pro-
clamer à son de trompe, dans Babylone, que celui qui les avoit faits,
n'avoit qu'à se présenter & demander
une grace quelconque, qu'on la lui ac-
corderoit sur-le-champ. Le gros Pansouf étoit à table, quand on lui apprit cette nouvelle : il n'avoit encore
mangé qu'un esturgeon glacé, qu'une
tourte de crêtes de faisans, qu'un bro-
chet à la tartare, & qu'une demi-

douzaine de gelinottes. Il resta un moment immobile & rêveur, roula ensuite ses gros yeux où se peignoit une joie stupide, interrompit son dîner à peine commencé, abandonna même un turbot qu'il venoit d'entammer, & courut tout en soufflant se jetter aux genoux de l'auguste Immaroé. Grande Reine, lui dit-il encore tout panthelant, c'est moi qui ai fait les vers que Votre Majesté a trouvés si jolis ; j'ai eu le courage de quitter mon dîner pour venir vous le dire, & je ne vous demande pour récompense que la charge de grand Échanson qui vient de vaquer. Le gros Pansouf avoit la réputation d'aimer beaucoup les bons morceaux, mais non de faire de bons vers. La Reine fut un peu étonnée de sa harangue ; & quelle preuve me donnerez-vous, dit-elle, Seigneur Pansouf, que c'est vous qui avez composé ces vers ingénieux dont le seul défaut est de me louer plus que je ne

E iij

mérite ? Le Seigneur Panfouf avoit
tant d'efprit, qu'il ne fut que répondre à cette queftion auffi fage que
modefte ; heureufement qu'un de fes
camarades de collège qui fe trouva là
éleva humblement la voix, & affura
que le Seigneur Panfouf avoit toujours été le premier de fa claffe, &
que même il avoit remporté plufieurs
prix à l'Univerfité & à diverfes Aca-
démies. Une autorité fi puiffante diffipa tous les doutes qu'auroit pu avoir
la Reine ; elle fut charmée de trouver
l'occafion d'obliger un homme à talens, & promit au Seigneur Panfouf
qu'elle demanderoit pour lui au Roi
la charge de grand Échanfon. Le gros
Panfouf la remercia gauchement, fe
dépêcha d'aller achever de dîner, &
invita même fon camarade de collège
qui lui difoit en chemin : Ne vous
l'avois-je pas dit que votre grand génie vous feroit faire fortune ? Et le
gros Panfouf croyant fermement qu'il

avoit compofé les vers de Mifogug, répondit : Vous aviez raifon, mon cher camarade ; c'eft une belle chofe que d'avoir de l'efprit.

Comme il étoit à dîner avec fon camarade, il entend un grand bruit autour de lui, demande d'où il peut venir, & apprend que Mifogug, dont le procès avoit été bientôt inftruit, étoit conduit à l'échaffaud. Une foule innombrable fuivoit cet infortuné, & toutes les femmes devant lefquelles il paffoit, difoient en voyant fa jolie figure & fon air doux & réfigné : Quel dommage qu'il ne fache point faire de vers !

Mifogug alloit à la mort, fans fe plaindre & fans pouffer le moindre foupir. Trompé de différentes manières par Zallaté, Fanfouka & Zumilla, la vie lui étoit devenue à charge, & il fortoit fans regret d'un monde où la candeur eft fi expofée aux pièges de l'artifice & de la mauvaife foi, que

preſque toujours elle finit par y tomber. Rien ne lui paroiſſoit douloureux
dans ce triſte moment, que tous les
mortels redoutent, lorſque promenant autour de lui des regards pleins
de ſérénité, il apperçut à un balcon
la perfide Zallaté qui, entourée de ſes
adorateurs, avoit l'air d'être venue là
pour aſſiſter à une partie de plaiſir. La
joie étoit dans ſes yeux, & le ſourire
ſur ſes lèvres. Le ſpectacle d'une mort
qu'elle avoit cauſée étoit pour elle
une eſpèce de tragédie bourgeoiſe où
elle comptoit fort s'amuſer, ou plutôt on l'auroit priſe pour une Reine
à qui ſes ſujets vont donner une fête,
& qui s'applaudit de leurs hommages.
Miſogug frémit à cet aſpect, & dé-
tourne les yeux avec horreur; ils ſe
portèrent ſur deux autres femmes pla-
cées auſſi ſur une terraſſe élevée, &
qui, verſant quelques larmes qu'elles
eſſuyoient avec un grand mouchoir,
paroiſſoient n'avoir été conduites en

ce lieu que par curiosité. Ce senti-
ment étoit en effet le seul qui les ani-
mât. Ces deux femmes étoient Fanfouka & Zumilla, & l'on disoit autour d'elles en admirant leur beauté :
C'est pour la première fois qu'elles
sont cruelles.

Misogug le dit à son tour, & leur
pardonna même d'être accourues pour
le voir mourir ; mais la joie barbare
de Zallaté le frappa d'avance du coup
qu'on alloit lui porter, & sa douleur
fut si vive qu'il s'évanouit. Il étoit
alors sous les fenêtres de la maison du
gros Pansouf, & il entendit les convives s'écrier : Vivat le Seigneur Pansouf, qui a fait en l'honneur de la
Reine, la Métamorphose des trois
Déesses ; buvons à la santé de ce Poëte
trois fois grand. Ces cris souvent ré-
pétés réveillèrent Misogug en sursaut
& dissipèrent sa léthargie. Il fut un peu
piqué qu'un officier de la bouche se
fît honneur de ses vers. Il étoit mo-

E v.

deste ; mais cette mauvaife plaifante-
rie l'irrita , & il dit tout haut aux
perfonnes qui l'entouroient qu'il étoit
feul l'auteur de ce madrigal , & non
pas le Seigneur Panfouf ; que feul il
l'avoit compofé en l'honneur de la
Reine , & qu'il ne feroit pas jufte
qu'au moment où on alloit lui ôter
la vie , on lui ôtât encore l'honneur.
Mifogug paffoit pour un homme de
beaucoup d'efprit , depuis qu'il avoit
fi fagement arrangé le différend des
Mages Barbus & des Imberbes. Il
avoit d'ailleurs entendu l'arrêt de fa
mort avec tant de courage & de calme. Loin de mal parler de fes juges ,
comme font la plupart des criminels ,
il avoit trouvé leur décifion fi équi-
table, il avoit été fi doux, fi honnête
même avec fes bourreaux, qu'excepté
la belle Zallaté, tout le monde prenoit part à fa trifte deftinée, & auroit donné fa vie pour prolonger fes
jours.

Sa réclamation paſſa de bouche en bouche , & fut portée dans un inſtant juſqu'aux marches du trône de la Reine. La Reine qui aimoit l'ordre , & qui ne pouvoit pas plus ſupporter une uſurpation en littérature, que le Roi, ſon époux, n'en ſupportoit de la part des Rois ſes voiſins ; la Reine , dis-je, ordonna auſſi-tôt qu'on ſuſpendît le ſupplice de Miſogug , & le fit comparoître devant ſon tribunal auguſte. S'il eſt ſur la terre un ſpectacle touchant & vraiment digne des cieux , c'eſt celui de la beauté qui exerce la juſtice. Miſogug étoit fait pour le ſentir plus vivement qu'un autre ; il n'avoit point encore pleuré ſur ſa fin prochaine : ce ſpectacle lui arracha des larmes , & il ſe proſterna aux genoux de la Reine , rempli à la fois d'attendriſſement, d'admiration & de reſpect. Eſt-ce toi , malheureux , lui dit-elle avec une fermeté mêlée de douceur , toi qui tues les gens pour

E vj

un cheveu, & qui prétends qu'il faut
peindre le grand Orosmade rasé à demi ? Est - ce toi qui as fait les vers
qu'on attribue au Seigneur Pansouf ?
Oui, grande Reine, répondit Misogug, qui, dans ce moment, avoit les
yeux baissés autant par modestie que
par l'éclat qui jaillissoit du visage céleste de son juge ; oui, grande Reine,
c'est moi qui ait fait les vers que le
Seigneur Pansouf s'attribue, & qui les
ai écrits sur une soucoupe de Votre
Majesté, lorsque j'étois dans la tour.
Misogug avoit un son de voix tendre
& qui alloit droit au cœur. La Reine
en fut émue sans trop savoir pourquoi, & elle ajouta un peu troublée,
mais toujours sans la moindre sévé-
rité, & quelle preuve me donneras-tu
que tu as composé ces vers ? Ordon-
nez, grande Reine, répliqua Misogug,
qu'on aille chercher la soucoupe ; elle
rendra témoignage en ma faveur, &
si l'on ignore comment elle faite, en

voici la description. La foucoupe eft de forme elliptique ; fon diamètre en long eft d'un pied cinq pouces & trois lignes & demi, fur onze pouces & deux lignes de large ; elle eft de vermeil, à deux anfes de vermeil auffi, & dans un des coins il y a un M qui défigne fans doute le nom de l'ouvrier qui l'a faite. Si ce que je dis eft faux, grande Reine, qu'un arrêt nouveau, émané de votre augufte bouche, flétriffe à jamais ma mémoire dans la mémoire des hommes. La mort que je vais fouffrir eft affreufe ; mais c'eft mourir mille fois que d'être condamné par la vertu, & le jugement que vous allez rendre m'effraie bien plus que l'échaffaud où je porte ma tête ; la honte eft éternelle, & la mort ne dure qu'un moment. Ce difcours noble & élevé fit foupçonner à la Reine que Mifogug n'étoit point un plagiaire ; fon principe d'ailleurs étoit qu'il valoit mieux fauver un feul innocent que perdre vingt coupables; elle envoie chercher la foucoupe, & tout ce que Mifogug avoit dit fe trouve vrai. Mifogug, pour la convaincre plus encore de fon innocence, montra d'autres vers écrits de fa main fur un fragment qu'il trouva dans fa poche, & les fit confronter avec ceux qui étoient fur la foucoupe. Des écrivains jurés affurèrent que c'étoit la même main qui les avoit tracés les uns & les autres, & que le caractère étoit abfolument le même. La Reine jugea de l'identité ; enfuite elle releva Mifogug avec bonté, le félicita fur fon talent pour la Poéfie & fur la fincérité qu'il avoit fait paroître dans fa défenfe ; elle le remercia même, & non fans rougir un peu, des éloges qu'il avoit faits de fa beauté, & lui dit de choifir la grace qu'il vouloit que l'on lui accordât. Malgré ce triomphe fur le gros Panfouf, Mifogug, ayant tué un homme en duel, n'étoit pas moins

condamné à mort, & la Reine le laiffant libre de demander une grace,
tous les affiftans crurent qu'il alloit
obtenir la fienne. Déjà même il s'élevoit un cri de joie qui annonçoit la
fatisfaction de l'affemblée : mais Mifogug, par une générofité fans exemple,
& par un dévouement digne des premiers tems de Babylone, au lieu de
profiter pour lui-même de la clémence
de la Reine, la fupplia de faire grace
à Indab, & de lui rendre la liberté.
Il dit, pour excufer le crime d'Indab,
qu'il avoit été occafionné par un motif bien fublime, l'amitié fraternelle ;
que cette amitié l'ayant égaré fur les
moyens de vengeance qu'il avoit mis
en ufage, fon forfait n'étoit qu'un
excès de vertu. Il affura qu'Indab
étoit paffionné pour cette dernière, &
prédit même qu'un jour il en donneroit des preuves, en devenant l'homme
le plus honnête de Babylone. Il plaida
enfin avec tant de chaleur & de force

la caufe du malheureux qui avoit voulu l'affaffiner, fon éloquence fut fi rapide & fi entraînante, & fon ame
parut fi héroïque & fi au-deffus des
ames ordinaires, que tout le monde
pleura d'admiration après avoir pleuré de fenfibilité. Pour moi, grande
Reine, ajouta-t-il, pour moi qui ai
vu la belle Immaroé me fourire, &
qui l'ai entendue trouver mes vers
jolis, à quoi déformais pourroit me
fervir l'exiftence? Quel bonheur m'ar-
rivera qui foit jamais comparable à
celui que je viens de goûter? Il ne
me refte plus qu'à mourir pour ne
point fentir d'autres félicités qui fe-
roient inférieures, & ce n'eft point
fur un échaffaud que je vais monter,
c'eft fur un trône. Les Rois les plus
fortunés le font moins que Mifogug,
& il n'en eft point dans toute l'Afie
qui me doive m'envier, au lieu de me
plaindre.

Cette peroraifon, d'une tournure

très-galante & même paſſionnée, ne fit qu'ajouter à l'attendriſſement des ſpectateurs : on dit même que la Reine en fut ſi touchée qu'elle verſa furtivement quelques larmes ; elle fit ſuſpendre le ſupplice de Miſogug, & alla ſur-le-champ avertir le Roi de tout ce qui ſe paſſoit ; il avoit le diſcernement ſûr & le tact délicat. D'après ce qu'on lui raconta de Miſogug, il en conçut la plus haute idée, & comme il aimoit ſingulièrement à s'attacher les hommes vertueux, il décida que Miſogug vivroit malgré l'envie qu'il avoit de mourir, qu'il jouiroit de la charge de grand Échanſon que le gros Panſouf avoit ſi baſſement uſurpée, & qu'Indab obtiendroit ſa grace en faveur de l'apologie & des prédictions qu'en avoit faites ſon généreux ami. Ce jugement charma tous les Babyloniens, excepté la belle Zallaté & le gros Panſouf ; celui - ci ne pardonna point à Miſogug de lui avoir foufflé la charge de grand Échanfon, & fur-tout de lui avoir fait quitter fon dîner à moitié commencé, & l'autre ne put jamais fe confoler de n'avoir point vu fauter une tête qu'elle avoit fait tourner à demi.

A peine hors de prifon, Indab vint embraffer Mifogug, & lui témoigna fa reconnoiffance de la manière la moins équivoque. Cet homme avoit commis un crime ; mais il étoit né bon, fenfible & délicat; & l'on verra par la fuite que Mifogug ne fe trompa point en prédifant qu'il donneroit tôt ou tard des preuves de vertu. Il devint l'ami le plus vrai de Mifogug, & Mifogug, en fongeant aux amis & aux ennemis que lui avoit faits fa dernière aventure, admira comment l'homme qui vit dans les cours, les doit bien plutôt à la bifarrerie de la fortune, qu'à une politique particulière.

Malgré Panfouf & la belle Zallaté,

Mifogug fe fit aimer dans un pays où le contraire eft fi commun, fur-tout lorfqu'on y occupe une grande place. La fienne, dont il auroit pu s'enorgueillir, puifqu'elle le mettoit dans le cas de verfer à boire au Souverain & à la belle Immaroé, ne changea point fon caractère de fimplicité & de modeftie ; il n'eut point les airs hautains de la grandeur, ni fa morgue empefée & ridicule : il ne s'érigea en protecteur de perfonne, & fut le bienfaiteur de tout le monde. Le gros Panfouf, qui difoit par-tout que Mifogug ne favoit pas faire de vers auffi bien que lui, vint un jour lui demander un emploi pour une de fes créatures, & Mifogug lui fit avoir celui de hâteur de rôt dans les cuifines de Sa Majefté. La belle Zallaté elle-même parut un jour à fon audience pour y folliciter une grace ; elle étoit, ce jour-là, coëffée en cheveux, efpérant que pour l'amour d'eux, il fe reconcilieroit avec

elle. Mifogug la trouva très-bien coëffée, la traita avec douceur & poli-
teffe, mais il ne lui demanda rien, &
lui accorda fur-le-champ ce qu'elle
demandoit. Ce que Mifogug abhor-
roit le plus, étoit le luxe infolent qu'é-
talent certains grands Seigneurs aux
dépens des fueurs du pauvre : le luxe
alors étoit fort commun à la Cour du
Roi de Babylone. Mifogug ne l'adopta
point; il ne voulut jamais avoir qu'un
char & deux ou trois courfiers pour
le conduire ; & lorfque quelque Satrape alloit devant lui avec un faf-
tueux équipage, il gémiffoit & le com-
paroit à une fourmi, qui, dédaignant
de fe fervir de fes pieds nombreux,
fe feroit porter par d'autres fourmis
dans le creux d'une paille, & fuivre
par cinq ou fix autres fourmis. La
Cour ne lui parut être qu'une four-
millière, fur-tout lorfque fa penfée
s'élevoit jufqu'au trône d'Orofmade,
& fa penfée s'y élevoit fouvent pour

lui demander de prolonger les jours
d'Iſoüil & d'Immaroé, les meilleurs
Souverains qu'il y eut jamais eu ſur
la terre. Immaroé & Iſoüil étoient
pour lui deux vraies images d'Oroſmade ; l'un & l'autre lui donnèrent
leur confiance, & le comblèrent de
bienfaits ; il ne verſoit point à boire
une ſeule fois au Roi Iſoüil, que ce
bon Roi ne lui dît une choſe flatteuſe
& agréable ; & la main lui trembloit
& ſon cœur palpitoit, lorſqu'il verſoit à boire à la Reine, quoiqu'elle
lui parlât moins ſouvent.

## THAMÉSIS.

Rien ne manquoit au bonheur de
Miſogug, ſi ce n'eſt l'accompliſſement
des prédictions d'Itochipul ; elles lui
avoient annorcé qu'enfin une femme
le rendroit heureux ; & comme il
croyoit ne pouvoir l'être que par l'a-
mour, ces prédictions lui revenoient
ſans ceſſe dans l'eſprit, & le tourmen-

toient fans ceffe. Quand trouverai-je donc, difoit-il quelquefois, ce phœnix qu'Itochipul m'a promis? Je l'ai cherché long - tems, hélas! & fi j'en crois mes foupçons, il n'a point de réalité ou n'exifte que dans le cerveau des aftrologues. O Itochipul! m'auriez-vous trompé en vous trompant vous-même? J'aurois bien mieux fait de fuivre les confeils d'Alloyo & de me défier de l'amour! Qu'ai-je gagné à avoir des maîtreffes? L'une m'a volé mon argent, l'autre m'a fait traîner devant un juge, & l'autre à la potence: je ne parle point de la quatrième qui a fait plus encore.....O grand Alloyo! la fageffe me parloit par ta bouche, & puifque je reconnois mes erreurs, il eft tems de les réparer. C'en eft fait; oui, c'en eft fait; je ne verrai plus de femmes; je ne parlerai plus à aucune: ces fyrênes ne me féduiront plus par leurs voix & leurs figures enchantereffes; je ne courrai plus à toute jambe après une jambe de danſeuſe ; je ne reconduirai plus aucune Babylonienne dont les chevaux ſeront boiteux ; je n'enverrai plus de chevaux barbes à aucune, & ſur-tout je n'accepterai plus de rendez-vous des Mingreliennes…… Miſogug, le même jour, alla ſouper chez la belle Thaméſis, femme d'un Satrape de Babylone.

Vénus, après le grand Oroſmade, étoit la divinité la plus chère aux Babyloniennes ; perſonne n'avoit plus que Thaméſis de dévotion à cette Déeſſe, & n'obſervoit mieux ſon culte. Loin de reſſembler à cette perfide Zallaté, dont les rigueurs étoient ſi funeſtes à ſes amans, la belle Thaméſis rendoit tous les ſiens heureux, & ſi elle les expoſoit à perdre la vie, ce n'étoit que dans ſes bras & d'un excès de plaiſir ; elle étoit enfin auſſi bonne que Vénus même, & les jeunes Babyloniens retrouvoient en elle la divinité dont ils ne pouvoient adorer que l'image dans le temple de Mithra.

Thaméfis étoit belle, mais son embonpoint égaloit sa beauté, & sa taille son embonpoint; elle avoit cinq pieds dix pouces, & étoit grosse à proportion. Un de ses amans, qui se piquoit de faire de jolis vers, l'avoit souvent comparée à la tour de Babel & au mont Athos, & la belle ne s'étoit jamais offensée de cette figure très-orientale; au contraire elle mangeoit souvent de la racine de chamir qui a la vertu d'engraisser, & grace à cet aliment, le parallèle n'étoit pas sans quelque justesse. N'oubliant jamais rien de ce qui pouvoit ajouter à ses robustes charmes, elle se peignoit les sourcils avec du surma ou de l'antimoine, suivant l'usage de ce tems-là, & ses grands yeux bleus à fleurs de tête en acquéroient plus de vivacité; mais elle ne suivoit point un autre usage des Babyloniennes, qui étoit de

s'appliquer

s'appliquer fur les joues une double couche d'une poudre rougeâtre & corrofive ; fes joues toujours fraîches & vermeilles fe paffoient d'un agrément auffi dangereux. On eût dit que l'Amour avoit prié le tems d'en rendre les rofes immortelles, & jamais elles n'avoient d'excufe pour fe refufer au baifer.

Thaméfis n'avoit de coquetterie que celle de la nature ; tout ce qui paroiffoit beau en elle l'étoit réellement, & tout en elle paroiffoit beau depuis la pointe de fes cheveux jufqu'au pied mignon que renfermoient fes babouches : tout l'art de Thaméfis confiftoit à n'en point avoir.

Elle joignoit à ces préfens naturels un efprit agréable & cultivé, des manières fimples & faciles, & une familiarité noble qui invitoit à la confiance & ne diminuoit point le refpect, dès qu'on la voyoit pour la première fois ; fi l'on n'eût pas été ébloui de fes

attraits innombrables, on auroit cru
l'avoir vue toute fa vie ; on étoit à
fon aife comme avec un ami ; elle parloit de tout fans rien épuifer, & chacun pouvoit à fon tour l'entretenir de
tout, fans craindre de fcandalifer ou
de déplaire. C'étoit la femme de Babylone qui avoit le meilleur ton.

Mifogug l'entendit caufer fans émo-
tion, & vit fes joues rondes & jouf-
flues avec indifférence. Tout ce qu'elle
dit de plaifant ou de gracieux l'indi-
gna au lieu de le féduire ; il lui paroiffoit odieux que l'on pût être fi aimable, & fur-tout lorfqu'on étoit d'un
fexe qui ne cherche qu'à tromper ; il
foupa fans dire mot, fe retira de
bonne heure & fe coucha de même.
Celle-ci eft bien belle, difoit-il en fe
mettant au lit ; elle a bien de l'efprit,
des graces & du mérite ; mais elle ne
m'attrapera pas.

La belle Thaméfis aimoit beaucoup
les jeunes gens qui la lorgnoient fans

rien dire ; elle écrivit le lendemain à
Mifogug qu'elle faifoit un cas particulier des gens filencieux, que peut-
être elle avoit trop parlé, & qu'elle
lui avoit paru bavarde ; mais qu'elle
favoit fe taire quelquefois, ou ne prononcer au moins que des paroles cour-
tes & peu intelligibles ; elle le prioit
enfuite de venir la voir, & l'affuroit
qu'ils auroient enfemble une converfa-
tion muette, pleine d'éloquence. Mifogug ne voulut point d'abord fe rendre
à cette invitation ; mais en relifant la
lettre, elle lui parut d'un ftyle oriental un peu obfcur ; & comme il ne
dédaignoit point de s'inftruire dans la
la langue de fon pays, il crut devoir
à l'heure même aller en demander l'é-
claircifferment.

Il trouva la belle Thaméfis à fa toilette, affife fur une pile de carreaux
que foutenoit un fiège de bois d'aca-
jou. Des efclaves qu'on auroit trou-
vées de la plus grande beauté, fi elles

n'eussent pas été à côté d'elle, s'oc-
cupoient à tresser ses cheveux entre-
mêlés de fleurs, & à leur donner ces
formes ondoyantes & flexibles qui
les font ressembler aux guirlandes du
printems , lorsque la main d'une ber-
gère les suspend aux branchages d'un
arbre révéré. Derrière elles étoient
trois personnages qui attirèrent l'attention de Misogug, quoique, dans le
premier moment, il n'eût vu que Thamésis : l'un étoit un jeune Mage assis
sur un large sopha, & qui ayant les
doigts à la bouche, les mordoit sans
doute de plaisir, en contemplant le
spectacle voluptueux qui s'offroit à sa
vue ; l'autre étoit un Médecin, jeune
aussi, moins savant que le grand Her-
mès, qui ne l'avoit jamais lu peut-
être, & qui se gardoit bien de le citer
dans sa conversation brillante & lé-
gère ; il se miroit de tems en tems
dans la glace de la belle Thamésis, s'y
faisoit des mines & sourioit alterna-

tivement à l'image d'un fat en perru-
que & à celle de la beauté en cheveux. Il se tourna tout-à-coup vers
le plus charmant modèle, & dit à la
belle Thaméfis, en regardant fixement
fes yeux : Ces fripons - là ont paffé
une mauvaife nuit fans doute ; ils font
moins radieux qu'à l'ordinaire : tant
mieux ! tant mieux ! ils en feront moins
de mal ; fi par hafard ils devenoient
plus malades, un peu de miel aérien
leur feroit bien néceffaire. Vous m'en-
tendez, Madame, un peu de miel aérien ? Croyez - vous, Docteur, qu'il
foit bon pour les yeux, lui dit la belle
Thaméfis ? Le miel aérien, répliqua-
t-il, il eft bon pour tout, je vous jure,
& je ne tue plus que foixante & dix
Babyloniens par mois, depuis qu'il en
entre dans toutes mes ordonnances ;
vous voyez qu'on ne peut pas avoir de
plus grands fuccès. Le Docteur n'a-
voit pas tort de parler ainfi. Le miel
aérien étoit alors fort à la mode dans

F iij

Babylone, & grace à lui on y avoit
fait cinq ou six cures merveilleufes.
Le pendant de ce joli original étoit
un homme pâle & fec, qu'à fon attitude fière & pleine de roideur, Mifogug prit avec raifon pour un Comédien
de province ; il lorgnoit d'un air augufte les deux globes faits au tour qu'en-
fermoit à moitié le doliman de la belle
Thaméfis, & oublioit prefque qu'il y
étoit venu pour obtenir un ordre de
début dans la troupe du Roi de Babylone. La belle Thaméfis lui fit décla-
mer un morceau de la nouvelle tragédie du Poëte Othdra ; & comme les
femmes du caractère de Thaméfis ont
ordinairement l'ame fort tendre, elle
pleura abondamment, & lui promit,
en s'effuyant les yeux, qu'elle parle-
roit de lui au grand adminiftrateur des
théâtres de la capitale. Le Docteur
diffipa bientôt cette mélancolie paffa-
gère par d'extrêmement jolies anecdotes qu'il raconta, & par les bons

mots dont il entremêla ses récits. Il fit si bien que la gaieté succéda tout-à-coup à la douleur, & que n'étant point préparée à ce brusque passage, la belle Thamésis rioit les larmes aux yeux.

Elle finit par regarder assez tendrement le jeune Mage, qui n'osoit ni pleurer ni rire ; & sa toilette s'avauçant toujours, quand elle fut parée des plus beaux ajustemens, ou plutôt quand elle les eut tous parés de l'éclat des ses charmes, ayant congédié toutes ses femmes, son Docteur élégant, son histrion empesé & son Mage timide, elle se trouva seule avec Misogug, qui parut presqu'aussi timide que le Mage, & n'avoit encore osé, à son exemple, ni rire ni pleurer. Il voulut d'abord demander à la belle Thamésis ce que signifioient les phrases obscures de sa lettre ; mais sachant qu'elle n'étoit ni maîtresse de langue ni grammairienne, il hésita craignant

F iv

de lui déplaire : il vouloit ensuite lui dire qu'elle étoit charmante ; mais tant de gens le lui avoient dit, & depuis si peu d'instans, son miroir le lui avoit tant répété ! il vouloit lui parler d'amour, car il en sentit beaucoup en la revoyant ; mais la veille il avoit paru si froid à souper ! Passe-t-on si subitement de l'indifférence à la tendresse ? N'y a-t-il pas des gradations à observer, des préliminaires ? Il n'osoit plus d'ailleurs faire de déclaration depuis la vive semonce qu'il avoit essuyée de la coquette Zallaté. Il étoit fermement persuadé qu'on se faisoit abhorrer d'une femme en lui jurant qu'on l'adoroit, & qu'on l'offensoit grièvement en cherchant même à le lui faire entendre. Le lecteur verra sans doute qu'il étoit dans un furieux embarras.

La belle Thamésis, qui connoissoit les hommes un peu mieux que le bon Misogug ne connoissoit les femmes, s'apperçut aifément de fa contrainte, & elle en fourit, parce qu'elle lui étoit d'un bon augure; elle fe tut long-tems ainfi que lui; & enfin rompant la première cet admirable filence, elle le félicita fur fa haine pour les difcours fuperflus, & s'applaudit de la lettre qu'elle lui avoit écrite. Mifogug fut muet à ce compliment, & elle s'en applaudit encore. Pour lui en faire cependant qui puffent davantage le flatter, elle lui propofa un tour de promenade dans le jardin, lui témoignant qu'elle defiroit de prendre l'air avec lui en attendant qu'elle fût fervie. Cette offre étoit flatteufe, & pourtant elle ne dénoua point la langue de Mifogug; il pouffa même l'impoliteffe jufqu'à s'en aller fans la remercier & lui répondre. Thaméfis aimoit les gens filencieux, mais il lui parut que ce trait paffoit les bornes de la taciturnité ordinaire; elle crut que Mifogug ne parloit point, parce qu'en effet, il

F v

ne savoit que dire, & elle s'étonna beaucoup que Misogug fût parvenu à la Cour & y eût fait fortune par son esprit.

Il retourna chez elle le lendemain avec la ferme résolution d'être un peu moins taciturne. La belle Thaméfis étoit au bain, & c'étoit le moment où jamais de prononcer quelques paroles. On le laissa entrer dans le sallon voisin du cabinet où elle étoit ; malgré le desir qu'il avoit de s'expliquer, un mouvement de curiosité le fit s'arrêter tout-à-coup à la porte de ce sanctuaire ; il regarda à travers un rideau de gaze, & vit, sans être vu, des choses qu'il est impossible de peindre, mais qui eussent à coup sûr délié la langue d'un muet de naissance.

Son ravissement dura deux heures, & n'étoit que le prélude de jouissances plus parfaites. La belle Thaméfis tire un cordon ; ses femmes arrivent, & Misogug, rempli de cet effroi qui

quelquefois eſt l'avant - coureur du
plaiſir, va ſe cacher derrière un grand
vaſe de marbre de paros : elle qui le
ſavoit-là, parce que ſes femmes l'en
avoient inſtruite, s'avance dans le ſal-
ſon en déshabillé frais, ſe jette ſur
une ottomane & fait retirer ſes eſclaves. Le pauvre Miſogug trembloit
comme la feuille, incertain s'il ſorti-
roit de ſon coin en préſence de Thaméſis, ou s'il attendroit qu'elle fût
abſente : il étoit en proie aux plus
vives agitations. L'amour enfin l'emporta : il s'élance aux genoux de Thaméſis avec tant de déſordre & ayant
tellement l'air d'un coupable, que
Thaméſis ne put s'empêcher de le traiter comme tel ; elle pouſſa d'abord un
grand cri, & gronda très-amèrement
Miſogug de ſon audace. Miſogug bal-
butia quelques mots pour s'excuſer,
& ne s'apperçut pas que Thaméſis
avoit l'anathême à la bouche & l'in-
dulgence dans les yeux. Croyant réel-

F vj

lement avoir mérité les reproches
dont on l'accabloit, comme ces reproches ne cessoient point, il recom-
mença ses excuses. La belle Thamésis
n'osant pas tout-à-fait lui dire qu'elle
lui pardonnoit d'avoir si inopinément
rompu le plus édifiant silence, son embarras redoubloit celui de Misogug ;
& tous deux enfin se donnèrent mu-
tuellement une scene dont ils durent
bien rire dans la suite.

Elle auroit duré encore long-tems,
si la belle Thamésis ne se fût avisée
d'un expédient assez heureux dans ces
circonstances ; elle s'évanouit, & Misogug profita de cet accident, quoiqu'il fût très-éloigné de le prendre
pour une feinte. On trouvera sans
doute peu de délicatesse dans ce procédé ; mais Misogug étoit jeune, impétueux, ardent. On a dû voir que
jusqu'à ce moment l'amour avoit bien
plus agi sur ses sens que sur son cœur,
qu'il avoit eu des goûts & non des

paſſions, & que les différentes femmes qui l'avoient honoré de leurs bontés, ne lui avoient guères inſpiré que des deſirs qu'il avoit pris peut-être pour des ſentimens. Miſogug étoit comme tous les hommes de ſon âge; à vingt ans, ils veulent jouir; ce n'eſt qu'à trente qu'ils aiment. Quelques perſonnes me diront peut-être que je déraiſonne en parlant ainſi; cela ſe peut: mais qu'y faire? c'eſt la nature qui a arrangé les choſes de la ſorte; & ſi je me trompe, c'eſt à elle qu'il faut s'en prendre & non pas à moi. Une femme ne s'évanouit point réellement ſans courir quelques dangers. Emporté par cette nature impérieuſe & aveugle, Miſogug ne vit point ceux de la belle Thaméſis; il couvrit de baiſers brûlans cette bouche qui lui avoit dit des injures, ce ſein encore palpitant de courroux, & ces beaux yeux ſurtout qui, alors fermés à la lumière, avoient lancé ſur lui des regards irri-

tés : il ofa ravir enfin ce qu'il n'eût
point ofé demander, & fa vengeance
fut complette ; mais le remords fe mêla
à fes plaifirs, & quoiqu'enivré de volupté dans les bras de la plus belle
femme du monde, il avoit plutôt l'air
de confommer un crime, que de céder au plus irréfiftible penchant.

Voyant que fes carreffes ne réveil-
loient point la belle Thaméfis toujours reftée immobile, Mifogug cependant commença à avoir quelque
crainte. L'image du trépas fe mêla
tout-à-coup au fouvenir de fon bonheur ; & frémiffant d'avoir été heureux, il fe détache de fes bras avec
une forte de terreur, & vole chercher des fecours pour la rappeller à
la vie : il en vint facilement à bout en
lui faifant refpirer des effences. La
belle Thaméfis rouvrit les yeux par
degrés, & Mifogug enchanté ne tarda
pas à lui faire entendre qu'il étoit fon
libérateur. Thaméfis n'eut pas de peine

à le croire ; elle le remercia, & lui
témoigna même tant de reconnoiſſan-
ce, que Miſogug, convaincu que tout
ſes torts étoient oubliés, chercha à
s'en donner de nouveaux, ou plutôt
exigea le ſalaire de ſes bons offices.
Thaméſis, qui n'étoit point ingrate,
le lui accorda ſans beaucoup de peine,
& Miſogug vit que les plaiſirs ne ſont
réels qu'autant qu'ils ſont partagés.

Charmé de la belle Thaméſis, Miſogug, toujours dupe de ſes ſens, crut
encore avoir trouvé l'objet qui devoit le rendre à jamais heureux, & la
prédiction d'Itochipul lui paroiſſoit
accomplie. Un événement inattendu
diſſipa bientôt ſon erreur. Depuis huit
jours il adoroit la belle Thaméſis,
& depuis huit jours, il n'en paſſoit
pas un ſans lui rendre viſite. Un ſoir
qu'il arrivoit chez elle auſſi rempli
d'amour que d'impatience, on lui dit
qu'elle venoit de deſcendre au jardin,
& que vraiſemblablement elle s'y re-

posoit dans le bosquet des rêveries ;
il y vole aussi-tôt, demande le chemin
du bosquet, & un esclave lui montre
un labyrinthe de charmilles où il erre
quelque tems. Il se trouve tout-à-coup
sous un dôme de verdure, auquel
aboutissoient plusieurs allées ; il regarde de tous côtés où peut être la
belle Thamésis, & voit venir au-devant de lui un crocodile énorme, qui,
sans avoir l'air trop menaçant, le con-
sidère avec attention, & ouvrant bientôt la gueule lui montre la plus belle
rangée de dents qui se fût jamais of-
ferte aux regards d'un homme. Peu
accoutumé à de pareilles rencontres,
Misogug veut prendre la fuite ; mais
la belle Thamésis qui n'étoit pas loin,
& qui l'appercevoit sans être vue,
l'arrête en lui criant : N'ayez pas peur ;
il est doux comme un agneau ; il ne
vous fera point de mal. Misogug peu
rassuré s'échappe. Alors Thamésis dit
quelques mots au crocodile qui court

après lui, & lui crie à son tour : Arrête, insensé, & ne crains rien. Misogug se retourne, & sa frayeur redouble tellement en attendant parler l'amphibie, qu'il reste immobile à la place
où il étoit. Thamésis va elle-même le
prendre par la main, & le conduisant
dans le bosquet des rêveries : Venez,
ajouta-t-elle, Kalaés est depuis long-
tems mon ami ; je n'ai rien de caché
pour Kalaés, & vous ne serez point
ici de trop. Kalaés qui l'avoit suivie
se tapit alors à ses pieds, à-peu-près
comme un petit chien, & la regarda
avec des yeux où, malgré la férocité
naturelle de ses traits, se peignoit l'ex-
pression la plus tendre. Remis un peu
de son effroi par cette attitude de
bienveillance & par les discours de
Thamésis, Misogug veut réparer les
torts qu'il a eus avec Kalaés, & s'ef-
forçant de prendre une voix ferme,
il lui dit : Il est vrai qu'au premier aspect Monseigneur m'a un peu épou-

vanté ; mais je vois à préfent combien il eſt aimable, & je le prie de me pardonner ſi . . . . Pourquoi mentir, lui répliqua auſſi-tôt Kalaés en l'interrompant, & lui montrant de nouveau la rangée terrible ? Pourquoi me dire que je ſuis aimable, lorſque je te fais horreur ? La belle Thaméſis eſt la ſeule ici à qui j'aie le bonheur de plaire ; elle me plaît auſſi infiniment, & ſans elle je t'aurois déjà puni d'être venu interrompre notre tête-à-tête. Fuis donc, ſi tu redoutes mon courroux, & ne nous importune pas davantage de ta préſence & de tes louanges.... Moi, fuir ! & pourquoi ? Monſeigneur a eu d'abord tant de bonté pour moi ! il m'a paru ſi poli, ſi honnête ! . . . . Fuis, répliqua le monſtre en ſe levant, & s'apprêtant à le dévorer ; fuis, te dis-je, tes éloges m'ennuient au lieu de me calmer, & tu m'inſpires tant de pitié que je n'ai pas beſoin d'être flatté pour te laiſſer vivre.

On sent qu'après ce discours, il étoit impossible de rester en pareille compagnie. Misogug donc se retirant à reculons, & regardant tour-à-tour Thamésis avec regret & Kalaés avec l'air d'une civilité contrainte, regagne le labyrinthe par où il est venu, en trouve l'issue, & jure bien, malgré son amour, de ne plus aborder la belle Thamésis, lorsqu'elle sera en partie fine avec un crocodile. Il fait mieux : ce rival, malgré sa laideur, lui donne quelques soupçons sur la fidélité de sa maîtresse ; il la bannit entièrement de sa mémoire & de son cœur, & ne re- tourne plus la voir.

## UN RÉCIT.

LA belle Thamésis avoit séduit Mi- sogug, mais ne l'avoit point fixé ; elle lui avoit présenté la coupe du bon- heur : il y avoit porté les lèvres, en avoit bu quelques gouttes ; mais loin de s'être désaltéré, sa soif n'avoit fait

qu'augmenter de plus en plus. Le bonheur reſſemble à ces phoſphores qui
apparoiſſent quelquefois durant les
nuits d'été ; vous éblouiſſent quelques
inſtans, & par leur diſparution ſu-
bite, vous plongent tout-à-coup dans
une obſcurité d'autant plus profonde,
qu'elle remplace une très – vive lumière. Miſogug avoit entrevu l'éclair
de la félicité ; il n'aimoit ou du moins
ne deſiroit plus aucune femme, & l'indifférence venoit de le plonger dans
les ténèbres du malheur. Le haſard le
replongea bientôt dans les tourmens
qui lui étoient ſi néceſſaires & ſi chers.
Un jour qu'il aſſiſtoit à une ſolemnité
dans le temple d'Yaſdan, il fut frappé
de la beauté d'une femme, dont le
voile étoit aſſez tranſparent pour laiſſer voir le plus charmant viſage, &
qui étoit à genoux à côté de lui. Cette
femme paroiſſoit prier avec beaucoup
de ferveur & d'attention ; ſes lèvres
de roſe avoient un léger mouvement

occaſionné par les mots qu'elle arti-
culoit tout bas ; ſes longues paupières
noires étoient baiſſées vers la terre,
mais de tems en tems elle les tournoit
vers les cieux : on voyoit alors deux
jolies prunelles d'un bleu tendre rou-
ler majeſtueuſement dans deux orbes
de criſtal, comme on voit deux étoiles
ſcintiller à travers un léger nuage, &
ces deux petits globes en roulant exprimoient une langueur tout à fait cé-
leſte. Miſogug, édifié de l'extrême dévotion de cette belle créature, auroit
voulu pour beaucoup être à la place
du Créateur. Il demanda tout bas à
un de ſes voiſins qui elle étoit, &
comment elle ſe nommoit. Le voiſin
lui répondit tout bas qu'elle ſe nommoit Hiloé ; que c'étoit la femme la
plus pieuſe de Babylone & la plus ver-
tueuſe ; que c'étoit un ange ſur la
terre. Miſogug, quoique pieux auſſi,
la trouva plus adorable que le Dieu
qu'elle adoroit ; & brûlant de con-

noître cet ange, il se disoit à lui-
même : La femme la plus vertueuse
de Babylone !.... Oh ! si mon grave
précepteur, si Alloyo savoit que je
l'aime, loin de se fâcher contre moi,
il me féliciteroit sûrement du senti-
ment que j'éprouve pour elle ! il a
comme elle tant de dévotion & de
zèle !.... Oh ! il n'y a-pas à craindre
que celle-ci me donne un crocodile
pour rival, ou me veuille faire sau-
ter par la fenêtre ; je ne la soupçonne
point d'aimer les Receveurs des douanes de l'empire, & je crois moins encore qu'elle expose les gens à se tuer
pour un cheveu ; elle doit n'avoir que
des vertus, puisqu'elle est si dévote
à l'Être suprême.

A peine hors du temple, Misogug
demanda quelles étoient les personnes
que voyoit le plus la belle Hiloé, &
dont la société lui plaisoit davantage.
Elle ne voit, lui répondit-on, que
des hommes qui lui ressemblent par la

pureté de leurs mœurs & la fublimité
de leur conduite, c'eſt-à-dire, des
Mages. Ces perſonnages révérés ſont
les ſeuls qu'elle admette chez elle ;
tout mortel qui n'eſt point rêvetu du
lin ſacerdotal n'a point accès dans ſa
maiſon, & ce n'eſt que par faveur &
que très-rarement qu'elle reçoit des
gens du monde. La converſation qui
l'amuſe le plus eſt celle qui roule ſur
la théologie ou la morale. Il faut, ſi
l'on veut lui plaire, lui parler ſouvent
de la grace, de cette grace fameuſe
que le très-juſte Yaſdan accorde aux
uns & refuſe aux autres. Cette grace
merveilleuſe qui a fait naître tant de
ſectes dont on ſe moque, & tant de
volumes qu'on ne lit point ; cette
grace qui a tourné la tête à tous ceux
qui ont voulu l'expliquer, occaſionne
ſouvent chez elle des diſcuſſions à n'en
pas finir ; mais on s'y diſpute ſans
crier, on s'y illumine ſans orgueil, &

la sage Hiloé finit toujours par être édifiée.

Misogug fut édifié lui-même de ces informations. Ayant porté quelque tems l'habit des Mages, il avoit été à portée d'en connoître plusieurs : il alla les visiter, renoua avec eux, & les invita à dîner pour se lier davantage. Les Mages de ce tems-là, quoiqu'irréprochables d'ailleurs, n'avoient pas la réputation d'être fort sobres. Misogug, en qualité de grand Échanson, leur fit boire abondamment d'un excellent vin vieux de Palestine, dont ils s'enivrèrent saintement ; il leur fit servir des mets si délicats & si recherchés, que la plûpart de ces pieux convives en eurent des indigestions cruelles : ils souffrirent beaucoup de ces petits dérangemens ; mais ils offrirent à Dieu leurs peines, & finirent par trouver Misogug le plus aimable des hommes. A force de leur donner

à

à dîner, Misogug découvrit que le plus jeune d'entr'eux étoit celui qui voyoit le plus souvent la belle Hiloé ; il s'apperçut même à certains propos de ses confrères, qu'il en étoit mieux traité qu'aucun d'eux, & que cette respectable servante du Seigneur avoit pour lui une affection toute particulière : il attribua ces distinctions à la ferveur du jeune Mage, à sa réserve, à sa modestie, qualités rélevées en lui par la figure la plus agréable, & à d'autres vertus qu'il paroissoit posséder éminemment. Misogug avoit d'ailleurs observé que le jeune Mage ne se donnoit jamais d'indigestion, & qu'il ne s'enivroit jamais.

Après avoir un peu gagné sa confiance par toutes sortes d'attentions & d'égards, Misogug le pria de parler de lui à l'aimable Hiloé, & lui témoigna le desir ardent qu'il avoit de faire connoissance avec une aussi sainte personne. Il l'assura qu'il étoit entière-

<table><tr><td>Partie I.</td><td>G</td></tr></table>

ment dégoûté du monde, & que, tout indigne qu'il étoit de paroître aux yeux d'Hiloé, il efpéroit que fes bons exemples acheveroient de le tirer de la voie de perdition pour le conduire dans le chemin du falut.

Quoique ce difcours fût perfuafif, le Mage d'abord refufa de s'y rendre, craignant que la préfence d'un mondain ne fcandalisât Hiloé. Mifogug avoit du crédit à la Cour ; il lui fit efpérer une place importante dans le collège facré, & fit même luire à fes yeux dans l'éloignement une thiarre fuperbe. Ébloui de ce divin éclat, le Mage perdit tous fes fcrupules, & l'introduifit, le jour même, chez la vertueufe Babylonienne. Quel fut le raviffement de Mifogug en contemplant à fon aife la figure angélique qu'il avoit vue fi rapidement dans le temple ! Je ne tenterai point de le décrire. Tout ce que je puis affirmer, c'eft qu'il trouva tant de graces dans

toute la personne d'Hiloé, tant d'onc-
tion dans ses discours & tant de feux
dans ses regards, qu'il ne put s'empêcher de la prendre pour la Divinité
même, & de rendre l'objet d'un culte
criminel celle qui en rendoit un si pur
& si désintéressé à l'Être suprême. Il
alloit devenir devot pour lui plaire,
lorsqu'un accident fatal à son nouvel
amour rompit toutes ses mesures &
le mit au désespoir.

Les dévotes de quelques contrées
de l'Asie ne pouvoient avoir en ce
tems - là que le grand Yasdan pour
mari ; celles de Babylone en avoient
de moins spirituels que cet être im-
palpable, & celui de la belle Hiloé
mourut. C'étoit l'être qu'elle chéris-
soit le plus après le Tout-puissant, &
l'on vit bien que sa douleur étoit sin-
cère par les torrens de larmes qu'elle
répandit. Une loi de Babylone dé-
fendoit aux veuves, quelque jeunes
qu'elles fussent, de se remarier, sous

G ij

peine de subir un supplice infamant.
Cette loi, aussi défavorable à la po-
pulation que contraire à la nature,
avoit pris sa source dans la fidélité
conjugale, qui étoit alors la vertu do-
minante & favorite des Babyloniennes. Non - seulement ces peuples ne
permettoient pas de convoler, mais
encore après la mort d'un époux, il
étoit honteux & déshonorant d'avoir
le moindre commerce avec un homme ; ils blâmoient d'autres peuples
leurs voisins qui condamnoient les
veuves à se faire enterrer avec leurs
maris ou à se brûler sur leur bûcher,
& ils imitoient cette absurdité cruelle ;
car n'être plus ou être insensible m'a
toujours paru une même chose. On
ne doit pas être étonné de cette con-
tradiction. Les Babyloniens étoient le
peuple le plus inconséquent de l'Asie.

On s'imagine bien que la belle Hiloé
bénit une loi qui la mit à l'abri des
tentations, & la retira tout - à - fait

d'un monde dangereux où elle craignoit chaque jour de voir trébucher
son innocence, tandis que d'autres Babyloniennes maudissoient cette dure
loi, & s'efforçoient de s'y soustraire.
Hiloé, pour éviter tout soupçon d'ir-
régularité ou de négligence, s'enferma
dans sa maison avec ses femmes, &
en interdit l'entrée à tout ce qui étoit
d'un sexe différent du sien ; les Mages
mêmes en furent exclus sans pitié :
elle poussa la rigueur & le zèle jusqu'à
demander au Gouverneur de la ville,
la permission d'avoir nuit & jour deux
sentinelles devant sa porte, pour ob-
vier aux tentations des mal-intention-
nés ; elle les obtint sans peine, & les
historiens remarquent que c'est la première fois qu'on établit à Babylone
des gardiens de la vertu.

Misogug ayant cherché vainement
à gagner ces sentinelles ou à les cor-
rompre, prit enfin le parti d'écrire à
la belle Hiloé, & chargea de sa mis-

sive une femme qui fourniſſoit ſa maiſon des proviſions néceſſaires à la vie, & que les gardes laiſſoient paſſer. Les premières lettres de Miſogug reſtèrent ſans réponſe ; il en écrivit tant, qu'enfin il en reçut une conçue en ces termes :

« Je ſuis une infortunée péchereſſe
» à qui le Ciel, pour la punir, a en-
» levé ſon époux ; ne la troublez pas
» davantage par vos demandes impor-
» tunes ; laiſſez-la expier ſes fautes au
» ſein de la mortification & des lar-
» mes, ou craignez d'attirer ſur vous
» la redoutable colère du Dieu pro-
» tecteur des veuves. Si vous conti-
» nuez de m'écrire, je vous ferai dé-
» noncer comme un corrupteur des
» ames ; cet acte de charité me paroît
» abſolument néceſſaire pour votre
» ſalut. En attendant, je prie Oroſ-
» made qu'il vous convertiſſe ».

Miſogug, qui prenoit toujours ſes

goûts pour des paffions, fut défolé de cette lettre. Quel parti lui reftoit-il ? Il en rouloit mille dans fa tête auffi-tôt détruits qu'enfantés. Eh quoi ! di-foit-il, je ferai privé pour jamais de celle que j'aime, parce qu'il a plu à fon époux de mourir, & aux Baby-loniens de porter une loi ridicule con-tre les veuves ! Non, non : fi je n'ai pu lui donner de l'amour, je veux au moins exciter fes regrets ; je veux lui faire voir que j'étois digne de la pof-féder : mourons pour la cruelle ; mou-rons, & qu'elle fache quel cœur elle a perdu. En difant ces mots, il tire de fa poche une petite phiole qui renfer-moit un poifon très-fubtil. Il favoit, lorfqu'on le conduifit à l'échaffaud, que la belle Zallaté l'attendoit fur un balcon pour voir s'il feroit une jolie grimace au moment où on lui coupe-roit la tête, & il s'étoit muni de cette phiole dans le deffein de s'empoifon-ner plutôt que de faire rire la coquette

G iv

ou pleurer la belle Fanfouka. O poiſon conſolateur, s’écrie-t-il! tu devois me ſouſtraire à l’infamie; tu vas me dérober au malheur. C’eſt toi ſeul qui peux finir mes peines, & quand trouverai-je l’occaſion de te mieux employer ?..... Déjà il approchoit le fatal breuvage de ſes lèvres, lorſqu’un bel Archi-mage le lui arrachant des mains, le jetta au loin & le diſperſa. Miſogug, ſaiſi d’étonnement, tourne la tête; & quelle eſt ſa ſurpriſe & preſque ſon effroi, lorſque reconnoiſſant le ſage Itochipul, il l’entend lui parler en ces mots:

Arrêtez, inſenſé jeune homme! arrêtez! je vous ai déjà dit que, verſé dans l’aſtrologie judiciaire, j’embraſſois à la fois l’avenir, le préſent & le paſſé. Cet art merveilleux m’a appris qu’une petite prude venoit de vous tourner la tête; & prévoyant les malheurs qui dévoient vous arriver avec elle, je me rends ici à tems pour les empêcher. Vous êtes trop jeune encore pour mourir ; je vous ai prédit que vous seriez heureux en femmes ; il faut que ma prédiction s'accomplisse, & croyez qu'elle s'accomplira. Résignez-vous, en attendant, à la volonté du grand Orofmade, & ne vous hâtez point de vous empoisonner pour fes zélées fervantes. Quoi ! s'écria Mifogug, vous pourriez croire que la belle Hiloé n'eft pas digne... Vous la connoîtrez un jour, répliqua Itochipul ; cependant remerciez - moi de vous avoir fauvé une vie qu'elle ne mérite point que vous perdiez pour elle : ce fervice n'eft pas le feul que je vous ai rendu. C'eft moi encore qui, fous la forme d'un crocodile, vous ai éloigné de cette Thaméfis, femme fans artifices, il eft vrai ; femme naturellement bonne, mais trop bonne, & qui vous trouvant à fon gré, n'eût point expofé vos jours pour un cheveu, mais en eût terminé promptement le

G v

cours par des complaisances toutes opposées aux rigueurs de la froide Zallaté. —Quoi! c'est vous, mon cher Archi-mage, c'est vous, mon respectable bienfaiteur, vous qui étiez ce vilain crocodile que j'ai salué dans le bosquet des rêveries, & qui avez répondu à mes complimens d'une voix si rauque & si terrible! —Moi-même. —Et qui vous a donné le pouvoir de devenir crocodile tour-à-tour & Archi-mage? Et pourquoi vous offrez-vous alternativement sous une figure si humaine & sous des traits si effrayans? —— Écoutez mon histoire, puisque vous êtes si curieux de la connoître; elle vous surprendra moins quand vous en saurez les détails.

J'ai beaucoup voyagé dans ma jeunesse, & sur-tout en Égypte. Ce pays est fertile en beaux monumens, & sur-tout en hommes extraordinaires; il a tout ce qui est digne de fixer les regards d'un Philosophe. Il me plut beaucoup, parce que, sans me croire un Philosophe, j'ai toujours cherché à en avoir les sentimens. Vous connoissez la grande réputation des Prêtres égyptiens; j'entendois vanter chaque-jour leur vertu & leur savoir; j'en fréquentai plusieurs, & me liai d'amitié avec un d'eux, qui, possédant l'art de la divination, m'initia bientôt dans les mystères de cet art sublime, dont l'astronomie judiciaire est le fondement. Il fit plus pour moi : il m'avoua un jour qu'il avoit un anneau constellé, par le moyen duquel il se rendoit invisible à volonté, & prenoit à son gré la figure de tel ou tel animal qui lui plaisoit. L'histoire de cet anneau est singulière : il avoit appartenu d'abord à un homme célèbre en Égypte, fort connu sous le nom de Menès, & qui en fut le premier Roi. Cet anneau lui donna tant de facilités pour opérer des prodiges qu'on le regarda bientôt comme un Dieu,

G vj

& que lui donnant le nom de Jupiter,
on ne tarda pas à lui élever des autels & à lui sacrifier des victimes. Il
passa de ses mains dans celles d'un méchant Prêtre d'Osiris, qui s'en servit
pour être Roi de Memphis, & qui le
fut en effet, après avoir tué de son
invisible & propre main le Roi, la
Reine de Memphis alors régnans, &
tous leurs enfans mâles & femelles. Il
le perdit heureusement pour l'Égypte
dans un petit voyage qu'il fit sur la
mer Noire, & mon ami eut le bonheur de le trouver dans le ventre d'un
poisson qui l'avoit avalé ; son art lui
en ayant aussi-tôt appris l'usage, il ne
l'employa que pour faire le bien, &
me le confia en disant : Le voilà, je suis
vieux & vous le livre, sûr qu'il ne
pourra être dans vos mains qu'une
arme utile à l'humanité. Fier de posséder un pareil trésor, j'eus bien des
fois envie de devenir Roi à mon tour,
mais je réfléchis qu'il m'en coûteroit

trop de crimes : mon art d'ailleurs me découvrit qu'il n'y avoit rien de moins heureux que les Rois, & je crus que je pourrois être Dieu avec moins de danger que Monarque. C'est un rôle assez doux à jouer que celui de Jupiter, & ce rôle me tenta. J'appris qu'à Crocodilopolis, où l'espèce d'animaux la plus commune en Égypte étoit adorée, on en nourrissoit dans une vaste enceinte une grande quantité pour en fournir les chapelles au besoin. Je me glissai dans cette ménagerie de Dieux, & fus exposé à mon tour à la vénération & au culte religieux du peuple. O qu'il s'est passé de choses pendant le peu de tems qu'a duré ma divinité ! Je ne finirois pas, s'il falloit vous les raconter toutes ; il n'y a point d'état où l'on apprenne plus vîte à connoître les hommes.

On me mit dans une grande niche dorée ; & comme, tout Dieu que j'étois, on se défioit un peu de moi, on

m'y attacha de manière qu'il n'y avoit
que ma tête qui en fortît ; tout le refte
de mon corps étoit lié & retenu par
des chaînes invifibles. Chaque jour on
m'immoloit des victimes très - inno-
centes ; je les plaignois fincérement,
& je me difois : Si, au lieu d'être crocodile, j'étois agneau ou bélier, il
m'en arriveroit autant. Eft - il bien
vrai, hélas ! qu'il vaut mieux être crocodile que bélier ou agneau ? Et le
plus foible fera-t-il toujours facrifié
au plus fort ? Ces réflexions me rendoient ma divinité affligeante ; mais
ce qui m'infpira le plus de douleur &
de pitié, ce fut la ftupidité, le fanatifme, les vices & les crimes de mes
adorateurs innombrables. L'un, par
une inconcevable dévotion, venoit
jetter tout l'argent qu'il poffédoit dans
un tronc qui étoit à côté de ma niche
facrée, & il laiffoit manquer de tout
& mourir même de faim fes enfans &
fon époufe : l'autre, & celui-ci étoit

un Magiftrat, paffoit la journée dans
mon temple à me balbutier en vieux
langage chaldéen des prières où nous
n'entendions rien ni l'un ni l'autre ;
un fripon cependant qui exerçoit pour
lui, le voloit à la fois & ruinoit fes
cliens : celui-ci , avec un manteau ra-
piécé & tout l'extérieur de la mifère ,
venoit me fupplier de lui accorder des
richeffes , & fon coffre-fort en étoit
plein ; & il avoit cent mille drachmes
de revenus par année. Jugez , en un
mot , de combien l'avarice l'emporte
fur le fanatifme. Un jour qu'il étoit
feul dans mon temple , je furpris ce
miférable me dérobant un petit phel-
lus d'or qu'une courtifanne venoit de
me confacrer. Que de fils ambitieux
& preffés d'hériter m'ont demandé la
mort de leurs pères ! Que de maris
laffés de leurs femmes font venus aux
pieds de mon autel les dévouer au trépas !.... Chaque jour, affailli par des
vœux de cette efpèce, & indigné de

tant d'horreurs, fi j'avois eu en effet le pouvoir d'un Dieu, j'aurois fait bien de mécontens.

Malgré l'impuiffance où j'étois de punir tous ces fcélérats, un jour cependant je fus affez heureux pour faire fentir à un jeune Bonze les effets de mon jufte courroux. Il vient, un poignard à la main, s'agenouiller auprès de ma niche, & m'adreffer cette horrible prière : O puiffant crocodile ! tu fais que le Roi de Memphis n'aime point les Bonzes, quoique fes peuples l'aient furnommé le Jufte ; une pareille indifférence doit faire oublier fes vertus & armer contre lui ta majefté carnivore ; encourage & foutiens mon bras, & ce foir même, me gliffant dans fon palais, à la faveur de la nuit, je te délivrerai de cet hérétique, & ce foir même noyé dans fon fang..... Je m'avançai à ces mots, & ne lui donnant pas le tems d'achever, d'un coup de dent je lui enlevai le crâne.

& ce jeune fanatique tomba lui-même expirant fur le pavé du fanctuaire. Mes confrères les crocodiles expédioient fouvent auffi les dévots qui les prioient de trop près ; mais comme ils n'avoient ni la même humanité ni le même difcernement que moi, combien de fois ai-je vu des innocens fe débattre fous leurs dents meurtrières, & perdre leur occiput, fans l'avoir mérité ! Je me fouviens encore avec horreur d'un trait qui m'arracha bien des larmes. Une jeune fille, d'une figure charmante, & dont la candeur relevoit la beauté, vint faire, à-peu-près en ces termes, la demande fuivante au crocodile que j'avois pour voifin : O Dieu bon que j'implore ! c'eft toi qui prends foin des petits oifeaux, & qui fais parler les oracles ; regarde-moi en ce moment comme un petit oifeau qui t'aime, & fais dire à l'oracle de Memphis que ce n'eft point Zelnor qu'il veut qu'on facrifie,

mais moi ; tu fais qu'après toi Zelnor
m'aime beaucoup, & qu'après toi aussi
je l'aime de toute mon ame ; tu fais
encore que ma pauvre mère est bien
malade, & que des Prêtres ont pré-
tendu qu'il falloit immoler Zelnor
pour obtenir sa guérison. Eh bien ! la
grace que je veux de toi, est d'ordon-
ner à ton oracle de demander ma vie
& non celle de Zelnor : ton oracle t'en-
tendra fans doute, & il n'osera point
te défobéir. J'aime tant ma mère,
j'aime tant Zelnor, que je regarde la
mort comme rien, pourvu que je l'é-
pargne à l'un & à l'autre. O Dieu bon
que j'implore ! fais dire à l'oracle de
Memphis que ce n'est point Zelnor,
mais moi qu'il faut qu'on facrifie.

En parlant de la forte, elle tendoit
fes petites mains vers la gueule énorme du crocodile, en lui préfentant
une chétive offrande. Le Dieu, qui ap-
paremment n'avoit pas déjeuné, les
lui coupa toutes deux de la manière

la plus vorace. La jeune fille fut ren-
versée, & mourut bientôt baignée
dans son sang & en prononçant le
nom de Zelnor : elle portoit sur elle
le portrait de ce malheureux amant.
Les Prêtres, en la fouillant, le découvrirent attaché sur sa poitrine avec
des rubans entrelacés, & saisis d'une
sainte horreur, ils déclarèrent qu'elle
étoit réprouvée par l'éternel crocodile ; que dis-je ? on purifia par le feu
& par diverses libations la place où
l'on avoit trouvé son corps qui fut
jetté à la voierie, & celui du Bonze
que j'avois trépané fut déposé au contraire dans les caveaux de la pyramide
des élus, parce qu'en le dépouillant,
on avoit rencontré sur lui la triple
image d'Osiris, Isis & Horus.

Ces atrocités me révoltèrent ; mais
ce qui me révolta autant & m'ennuya
bien davantage, fut la continuelle im-
portunité des dévotes. Il est rare qu'il
y en ait de jeunes & de jolies parmi

elles; elles font prefque toutes vieilles
& laides; & peu femblable à votre
précepteur Alloyo, je ne vous cache
pas que j'ai le plus vif penchant pour
le fexe, lorfqu'il eft doué des attraits
qui le font aimer. Ces fempiternelles
venoient, chaque jour, affiéger ma
niche, & me demander fans ceffe d'ô-
ter la beauté ou la jeuneffe à leurs
filles, petites-filles, brus & nièces,
prétendant que ces maudits préfens de
la nature les empêchoient de faire
leur falut; elles ne manquoient à aucune des cérémonies religieufes; elles
prioient, veilloient, jeûnoient & portoient des haires & des cilices. Cependant, le croiriez-vous? elles étoient
prefque toutes mauvaifes mères, épou-
fes impérieufes, amies fauffes, & la
plupart adorant la chicane & n'ayant
d'autre fcience que celle des procès,
ruinoient leurs enfans à force de plai-
doieries. Las d'entendre leurs patenô-
tres, je réfolus de décamper, & d'au-

tres raisons, non moins fortes que l'indignation & l'ennui, m'y déterminèrent. Quoique le peuple crût nos divinités exemptes des besoins grossiers de la nature, les Prêtres de Crocodilopolis nous portoient à manger toutes les nuits. J'eus une fois le malheur d'être oublié, & craignant de mourir de faim, je me transformai en musaraigne ; il me fut aisé sous cette forme d'échapper à mes épais liens. Je laissai donc ma niche vuide, & fus me refugier à Memphis dans le temple de la grande Déesse Isis, où j'espérai avec raison que l'on me feroit bonne chère. J'y fus long-tems nourri par de fort jolies Prêtresses, qui ne me laissoient manquer de rien ; & comme je suis très-reconnoissant, j'allois dans la nuit remercier de leurs attentions mes aimables pourvoyeuses. Quelques - unes s'effrayoient de ma visite ; mais presque toutes, moins surprises que charmées de ma méta-

morphofe, m'enivrèrent de plaifir, &
je fus Dieu dans leurs bras d'une manière bien plus agréable qu'à Crocodilopolis.

## H I L O É.

UNE de ces Prêtreffes ( c'étoit Madame votre mère, car vous favez
qu'elle a fervi, en cette qualité, dans
le temple d'Ifis ) m'infpira un amour
beaucoup plus vif que les autres, &
je fus réellement affligé, lorfque le
Seigneur Fenler la demandant en ma-
riage vint me priver de ce tréfor. Cependant elle n'avoit pas été plus cruelle
que fes compagnes. Il y a grande apparence qu'elle étoit groffe lorfqu'elle
quitta le temple d'Ifis ; elle accoucha
de vous peu de tems après, & il fe
pourroit bien, mon cher Mifogug,
que je fuffe votre père. Ah ! vous
l'êtes, s'écria Mifogug ; je vous dois
plus qu'au Seigneur Fenler, qui ne
m'a jamais appris qu'à manier des ar-

mes & à tuer mon prochain. La bonté
eft dans votre cœur, & la fageffe fur
vos lèvres: non-feulement vous m'avez
donné la vie, mais vous ne l'avez fau-
vée, en me chaffant d'auprès de la
groffe Thaméfis, & c'eft vous feul enfin que je veux reconnoître pour l'auteur de mes jours. Je ne fuis pas furpris, continua-t-il, que vous foyez
venu à mon fecours, tantôt par vos
bienfaits & tantôt par vos confeils ;
mais comment fe fait-il que Thaméfis
ait choifi pour amant un aminal fi peu
fait pour l'amour, un amphibie redoutable qui pouvoit, en la carref-
fant, lui croquer la jambe ou la dévorer comme un de ces gâteaux facrés
que l'on vous apportoit en offrande,
lorfque vous étiez dans votre niche ?
Ce goût eft fingulier, mon fils, répliqua l'Archi-mage ; mais la nature
forme elle-même des êtres fi bifarres ! N'avez-vous jamais rencontré

des gens à qui il suffit pour se nourrir
de manger en petite quantité de deux
ou trois mets seulement, pourvu qu'ils
soient délicats & recherchés, & d'autres que rien ne rassassie, leur servît-
on le bœuf Apis tout rôti ? Il en est
de même des femmes ; les unes se con-
tentent d'un modique ordinaire : il
faut aux autres des amans monstrueux.
Je l'ai éprouvé auprès de Thaméfis.
Quand j'eus appris que vous vous
étiez amouraché d'elle , j'errai quelque tems sur les rives du Nil, & me
laissai prendre par les gardes - côtes
d'un Roi voisin ; ils me trouvèrent si
doux qu'ils me crurent apprivoisé, &
me conduisant à Babylone me vendi-
rent fort cher à la belle Thaméfis ;
elle avoit alors un petit chien & vous
qu'elle aimoit également. Ces deux
serviteurs auroient satisfait une autre
dame : elle me prouva bientôt par ses
complaisances réitérées qu'il lui falloit

ſoit quelque choſe de plus ſubſtan-
tiel (1).... N'achevez pas, dit Miſogug en l'interrompant. Thaméſis ne
mérite ni votre colère ni la mienne,
& je n'ai rien de mieux à faire que
de l'oublier ; mais pour la charmante
Hiloé qui prie le Ciel avec tant de
ferveur, qui veut qu'on l'édifie ſans
ceſſe par des converſations de théologie, & qui n'a point de crocodile
dans ſes jardins, ah ! pour celle-là,
mon père, je ne l'oublierai de ma vie.
— Que dites-vous, jeune homme ?
Hiloé, malgré ſes dehors auſtères, à
moins de vertu que Thaméſis. Thaméſis, en ſe rendant heureuſe à ſa
manière, fait en même tems le bonheur de tout ce qui l'environne ; elle
oblige les malheureux avec délica-
teſſe ; la calomnie & ſur-tout la médi-

-------

(1) Rien n'eſt exagéré dans cette peinture. On aſſure qu'il y a eu des femmes en
Égypte qui aimoient beaucoup les crocodiles.

*Partie I.*                                H

fance lui font inconnues, & fes efclaves qu'elle traite avec bonté l'adorent & la déifient. Hiloé au contraire
eſt un petit tyran domeſtique ; elle
appéfantit le joug de ceux qui la ſervent au lieu de l'adoucir. Après les
avoir fait long-tems travailler, elle
retient leur ſalaire ; ſon ton avec ſes
inférieurs eſt aigre, impérieux & deſ-
potique ; il eſt doux & humble, mais
hypocrite, avec ſes ſupérieurs ; elle
paſſe la journée à dire du mal de ſes
voiſines, de ſes amies & de ſes parentes
qui ont un genre de vie différent du
ſien ; elle blâme leurs ajuſtemens, leur
goût pour les ſpectacles, pour la dan-
ſe, pour les converſations & les jeux
innocens ; ſa conduite avec les infor-
tunés n'eſt pas moins répréhenſible ; ſi
elle les oblige, c'eſt par oſtentation ;
elle eſt dame d'un hoſpice de charité,
& n'eſt point charitable ; elle ſe par-
donne tout, & n'excuſe rien dans les
autres. Que vous dirai-je enfin ? elle

trompe Dieu & les hommes. Née avec
des paſſions déſordonnées & honteu-
ſes, elle n'emprunte le voile ſacré de
la religion que pour mieux les dérober aux regards ; & ſi l'amour s'offre
à ſes yeux, elle les couvre auſſi-tôt
avec la main, mais elle regarde l'enfant à travers ſes doigts. Quel portrait,
ô mon père ! ah ! il n'eſt pas poſſible
qu'Hiloé lui reſſemble. Hiloé a toutes
les vertus, & vous lui ſuppoſez tous
les vices ; Hiloé eſt un ange, & vous
en faites un démon.—Oh bien ! pourſuivit l'Archi-mage, voilà mon anneau ; en le mettant au petit doigt, &
tournant le chaton du côté du pouce,
vous vous rendrez inviſible ; vous
pourrez, par ce moyen, vous intro-
duire, malgré les gardes, dans l'impénétrable palais de votre chaſte maîtreſſe : allez - y à l'heure qu'il vous
plaira ; obſervez - là à votre aiſe, &
revenez me dire ce que vous aurez
ſu ; vous avez déjà été à portée de

H ij

connoître les coquettes, les filles in-
téreffées & les femmes complaifantes
à l'excès. Cette tentative à coup sûr
vous dévoilera le cœur des prudes.

Les charmes d'Hiloé avoient fait
tant d'impreffion fur le cœur de Mifogug, qu'il fe fâcha prefque contre
l'Archi-mage en l'entendant parler de
la forte ; & il lui auroit dit des injures, fans le refpect qu'il lui portoit
depuis la confidence que ce fage lui
avoit faite des bontés de Madame fa
mère ; il s'emporta un peu malgré ce
refpect, & lui dit avec la colère qu'infpire une paffion du moment : Eh ! que
m'importe d'avoir votre anneau ma-
gique ? Hiloé ne m'aime plus ; elle me
l'a dit, elle me l'a écrit. En ferai - je
plus avancé lorfque je l'entendrai me
le dire encore ? Hiloé me donne un
Dieu pour rival ; je ne fuis qu'un
homme ; puis-je efpérer de la fléchir ?
Le feul parti qui me refte eft de m'em-
poifonner ; ma petite phiole n'eft point

vuidée, & je vais.... Faites mieux, lui répondit Itochipul en l'arrêtant de nouveau ; & tirant un poignard de deſſous ſa robe ; tenez, prenez ce poignard ; & ſi mon anneau ne vous démontre pas qu'Hiloé n'eſt qu'une catin myſtique, je conſens que vous vous en perciez à ſes yeux. Miſogug accepta le poignard avec plus de plaiſir que l'anneau. Cependant il mit le dernier à ſon doigt, & promettant de revenir trouver l'Archi - mage après s'en être ſervi, il ſe gliſſa preſque machinalement dans la chambre de la dévote à l'inſtant où elle alloit ſe coucher, ſe tapit dans un coin, & obſerva, ſans mot dire, tout ce qui s'y paſſoit.

Cette chambre reſſembloit plus à un boudoir qu'à un lieu de pénitence ; des ameublemens frais & gracieux, une large ottomane garnie de couſſins bien rebondis, des glaces heureuſement diſpoſées pour le reflet des lu-

H iij

mières, la statue de Mithra devant laquelle fumoient les aromates les plus
précieux, tout donnoit à ce pieux réduit un air extrêmement profane. La
belle Hiloé se déshabilloit pour se
mettre au lit. Quel spectacle enchanteur elle offrit aux regards du jeune
homme ! Hiloé seule, & ne craignant
pas d'être vue, n'avoit point de honte
de découvrir ce que l'on cache avec
le plus de soin ; tantôt c'étoit son sein
qui, dégagé d'une barrière de rubans,
s'arrondissoit devant un miroir comme pour y voir son image ; tantôt
c'étoit sa jambe fine qui sembloit n'a-
voir quitté sa prison qu'afin d'offrir le
modèle d'une colonne de cryltal ; ici
un bras plus blanc que l'albâtre sor-
toit d'une longue manche pour relever de longs cheveux ; là une épaule,
en se montrant à demi, faisoit palir le
plus éblouissant ivoire ; chaque voile
qu'ôtoit Hiloé lui rendoit un charme,
& chaque charme allumoit un desir

dans les sens de Misogug. Toute son ame paroissoit avoir passé dans ses yeux, pour mieux jouir de cet aspect adorable, & sa vue ne touchoit pas un attrait qui ne donnât à sa bouche l'envie de la suivre : il auroit voulu baiser tout ce qu'elle avoit parcouru ; il auroit voulu caresser tout ce que je viens de décrire. L'écharpe de la pudeur étoit le seul vêtement qui restât encore à sa belle maîtresse. Quel eût été son bonheur, s'il avoit pu la détacher ! mais ce bonheur étoit réservé à un autre. Comme il se repaissoit à loisir du spectacle le plus délicieux, une des femmes d'Hiloé arrive tout-à-coup, un énorme bouquet à la main, & se prosterne jusqu'à terre. Eh ! quoi ! lui dit la sainte veuve d'un ton de voix assez tendre, faudra-t-il toujours que je vous attende ? Et ne saviez-vous pas que j'étois ici à vous desirer ? Pardon, lumière unique & charme de ma vie, lui répond l'esclave ; pardon,

H iv

fi je viens tard au rendez-vous! Ce
n'eft pas moi qui fuis coupable, ou,
fi je le fuis, ce n'eft que pour vous
plaire davantage. Deux de tes femmes
nouvellement à ton fervice, ajouta-
t-elle en fe relevant & prenant un ton
plus familier, m'ont arrêté fur l'efcalier, comme je venois me jetter dans
tes bras. Vous allez affifter au coucher
de notre maîtreffe; tenez, m'ont-elles
dit en me préfentant ces fleurs, por-
tez-lui ce bouquet qu'à l'inftant nous
venons de cueillir pour elle, & offrez-
le de notre part. Puiffent les douces
exhalaifons de ces filles du printems
monter à la fphère étoilée des efprits
aériens, & en faire defcendre dans fa
tête des fonges qui foient de la couleur de la rofe! Puiffent-elles, en mêlant leur parfum à celui de fon ha-
leine, lui rappeller notre refpect, &
l'affurer de notre humble foumiffion!
J'ai pris auffi-tôt le bouquet, &
pour les remercier de leurs vœux, je

leur ai donné un baiser à chacune.

Les perfides, répondit Hiloé, avec un dépit qu'elle s'efforça de cacher ! demain elles seront chassées. Puis se radouciffant : Pourquoi ce baiser, ajouta-t-elle ? c'eft un vol que tu m'as fait, & je réclame mon bien avec juftice. Je fuis prêt à vous le rendre, répliqua l'efclave, & en achevant ces mots, elle imprima les deux plus ardens baifers fur la bouche la plus docile. Mifogug, étonné de ce qu'il régnoit une amitié fi vive entre deux femmes, pouvoit à peine croire ce qu'il voyoit. Aux baifers cependant fuccédèrent des careffes encore plus tendres. L'efclave prenant Hiloé entre fes bras, la porta comme en triomphe fur fon lit, & s'y mit bientôt avec elle. En fe déshabillant d'une main rapide, cette efclave laiffa voir à Mifogug des formes robuftes qui ne fe trouvent pas ordinairement fous les vêtemens des femmes, & de certains

H v

appas qui ne font point faits pour leur
appartenir. Il s'avance, impatient d'ap-
profondir la caufe de ce prodige ; &
quelle eft fa furprife, lorfque dans la
perfonne de cette efclave, il reconnoît
le jeune Mage qui l'avoit pour la première fois introduit chez la belle Hiloé. Ce jeune Mage n'étoit point de
la fecte des Barbus. La nature d'ailleurs n'avoit encore orné fon menton que d'un imperceptible duvet ;
fon teint étoit frais & vermeil, & il
étoit impoffible de ne pas le prendre
pour une femme, lorfqu'il en portoit
les habits. Tranfporté de jaloufie &
de fureur, Mifogug tire fon poignard ;
il veut percer ces deux facrilèges, &
les envoyer finir leur nuitée dans
l'infernale demeure d'Abraman ; ils
étoient enlacés amoureufement, &
Mifogug alloit brifer pour jamais les
liens qui les uniffoient l'un à l'autre ;
mais comme il étoit fort tolérant de
fon naturel, il n'ofa point fe charger

de la cause du Ciel offensé, & commettre deux homicides pour punir un crime de majesté divine. Il remet fort tranquillement son glaive dans le fourreau, & retournant chez lui où l'attendoit Itochipul : Tenez, mon père, lui dit-il, voilà votre poignard ; j'y regarderai à deux fois avant que de me tuer pour quelque dévote ; & quant à votre anneau, reprenez-le aussi ; il me fait voir les choses comme elles sont, & je sens que j'ai besoin d'un bandeau pour ne pas mépriser & abhorrer le sexe le plus perfide. N'en dites pas tant de mal, lui répondit Itochipul : il est impossible de trouver une femme sans défauts ; mais il ne l'est pas d'en trouver chez qui les défauts ne soient point un vice, & qui tirent même un nouvel agrément de ce qui les dépare à vos yeux : croyez sur-tout qu'il en est qui ont des vertus, & que Babylone en renferme une.... Je ne dois pas vous en dire

H vj

davantage ; quelque soit votre sort
dans la carrière que vous allez courir, croyez que je veillerai sur vous.
Orosmade le veut, & me l'a ordonné
par une révélation secrette. A ces
mots, il reprend le poignard, met
l'anneau à son doigt, & disparoît
comme un nuage qu'un vent impétueux chasse devant lui.

## UNE VICTOIRE.

LES Rois, dans ce tems-là, cher-
choient querelle à un peuple unique-
ment parce qu'il étoit leur voisin ;
ils aimoient beaucoup la guerre, &
la guerre a toujours fait le malheur
des Rois & du peuple. Le bon Roi
Isoül faisoit grand cas de la paix, mais
il étoit le seul Roi de cet avis. Il avoit
pour voisins les Mèdes, nation orgueilleuse, indomptée & cruelle, qui
ne connoissoit d'autre loi que la force,
& qui se croyoit destinée à régner
sur l'univers. D'une autre part, les

Egyptiens, peuple fuperftitieux, mais brave, avoit fouvent attaqué & combattu les Babyloniens, & remporté même plufieurs victoires fur les prédéceffeurs d'Ifoül. Soit que ces redoutables ennemis vouluffent détruire tout-à-fait l'empire de Babylone, foit qu'ils fuffent las & envieux l'un & l'autre du long repos dont ils jouiffoient, ils fe déclarèrent à la fois contre le Roi Ifoül, & mirent fin à la paix par des hoftilités réitérées. Le Roi Ifoül aimoit la paix; je crois l'avoir déjà dit; mais il ne craignoit point la guerre : fon courage égaloit fa fageffe, & il fut toujours auffi lent à attaquer, que prompt à fe défendre.

Tandis qu'il faifoit lever des troupes pour réfifter aux prétentions des Mèdes & des Egyptiens, Mifogug comme à fon ordinaire, étoit occupé à filer le parfait amour auprès d'une nouvelle maîtreffe. Celle-ci, d'un caractère bien différent des premières, s'ap-

pelloit Altéma, & son défaut capital
étoit l'orgueil le plus insupportable.
Altéma, fille d'un Satrape très-pauvre,
mais très-ancien Gentilhomme, venoit d'épouser, par ordre de ses parens, un parvenu très-riche, qui, de
simple Commis devenu Intendant,
avoit acheté une des charges les plus
lucratives de la finance, & pouvoit
étaler un luxe égal à celui des Rois.
Le grand mérite de cet homme étoit
de savoir à fond la règle de trois, &
sur-tout la multiplication. Altéma ne
lui pardonnant point d'être roturier,
ne l'admettoit que dans son lit, &
point à sa table. Elle se disoit petite-
fille de Nemrod, fondateur de Babylone, & une dame de sa qualité, qui
tiroit presque son origine des Dieux,
devoit être fort scrupuleuse sur l'étiquette ; elle la poussoit à un point
qu'il est difficile d'imaginer ; ses do-
mestiques étoient en grand nombre,
mais elle ne leur parloit jamais ; que

dis - je ? elle avoit à fon fervice des
hommes de diftinction à qui elle faifoit
des penfions fortes & bien payées, &
qu'elle décoroit de l'ordre du Tau,
pour les rendre dignes de recevoir
fes ordres. Cet ordre du Tau étoit
un T de diamant qu'elle leur faifoit
porter au cou; & pour l'obtenir, il falloit prouver quatre générations fans
la moindre lacune; elle avoit de plus
une garde à pied & à cheval comme
une Princeffe, & fa maifon reffem-
bloit à un palais. Jamais elle ne fortoit fans être précédée & fuivie de
plufieurs chars magnifiques; & quand
elle entroit dans un temple ou dans
les châteaux du Souverain, c'étoit
toujours un Chevalier du Tau qui lui
portoit la queue. Elle ne voyoit point
de bourgeois, parce qu'elle ne croyoit
pas que la petite fille de Nemrod dût
s'abaiffer à leur parler ou à les entendre; & les gens de qualité ne la vifi-
tant jamais, parce qu'ils la regardoient

comme une folle ; l'étude du blason &
la lecture de quelques vieilles chartes
étoient son occupation unique ; &
lorsque par hasard cette noble étude
l'ennuyoit, ce qui pouvoit arriver de
tems en tems, la seule ressource qui
lui restât étoit de végéter majestueu-
sement au milieu de ses parchemins,
de ses Chevaliers & de sa garde im-
posante.

Ce ridicule étoit grand sans doute ;
mais Altéma étoit belle ; ses charmes
faisoient promptement oublier ses défauts, & le pauvre Misogug étoit toujours pris à ce piège ; toujours son
cœur étoit la dupe de ses yeux. Ce
dernier organe étoit chez lui d'une
vivacité & d'une délicatesse inconcevable ; toutes les impressions qu'il lui
procuroit descendoient dans son ame
avec tant de célérité, & s'y établis-
soient avec tant d'empire, qu'elles
devenoient presque des passions. O
beauté ! présent du hasard, avantage

rivole & souvent funeste ! quel est donc ton ascendant ? Le sage lui-même ne peut s'empêcher de s'y rendre, tu montres aux mortels une vaine image du plaisir, & cette chimère suffit à tes adorateurs pour leur faire oublier que la plupart deviennent tes victimes.

Mifogug avoit vu passer dans son char la fière Altéma ; & comme son cœur étoit vuide en ce moment, il crut qu'il devoit en devenir amoureux, ou plutôt il ne crut rien, & céda, sans réflexion, au penchant qui l'entraînoit vers elle. Ce penchant étoit impérieux, & il brûloit de s'y livrer entièrement ; mais il falloit commencer par déclarer sa passion, & ce point n'étoit pas aisé. Altéma n'ayant que très-peu de commerce avec le monde, on s'introduisoit chez elle très-difficilement. Mifogug, pour y parvenir, fut obligé de s'adresser au cousin d'un cuisinier, qui s'adressa à une femme-de-chambre, qui s'adressa à un Che-

valier du Tau, lequel dit à son augufte
maîtreffe que le Seigneur Mifogug defiroit d'être admis à la faveur de con-
templer un moment fon rayonnant
vifage, & de baifer très-humblement
la noble pouffière de fes pieds. Altéma
fut un peu étonné à ce nom de Mifogug; elle ne l'avoit point vu dans
l'hiftoire, quoique Mifogug ne fût
rien moins que roturier, & elle demanda, d'un air dédaigneux, quel eft
donc ce Mifogug? On lui répondit
que c'étoit le grand Échanfon du Roi
Ifoül, & que peut-être il étoit chargé
pour elle de quelque commiffion de la
part de fon maître. Cette idée ne parut
point fans vraifemblance à la belle Altéma, & foudain elle fit figne qu'on
laifsât entrer Mifogug. Tout autre que
lui auroit été embarraffé en abordant
cette femme altière; mais il aimoit,
il le croyoit du moins, & ce fenti-
ment vrai ou faux donne de l'expérience, lorfque déjà on en a fait l'ap-

prentiffage. Ainfi , Mifogug devoit
être tout tremblant, lorfqu'il vit Zumilla pour la première fois, & montrer de l'affurance en préfence d'Altéma. Defirant de gagner fa confiance,
& ne le pouvant guères qu'en mettant à l'aife fon orgueil, il commença
par lui faire les falutations les plus pro-
fondes; que dis-je ? il toucha neuf
fois la terre avec le fommet de fon
front, & parut vouloir refter dans
l'attitude la plus humiliante. Relevé
par un gefte de bonté d'Altéma, à qui
ces manières plurent beaucoup, il lui
fit auffi-tôt un très-beau difcours fur
l'inégalité des conditions, dans lequel
il prouva éloquemment qu'elle exif-
toit de droit civil & divin ; qu'il étoit
abfolument néceffaire pour le bien de
la fociété qu'il y eût des hommes au-
deffus les uns des autres ; que s'il ne
régnoit point de différence entre les
rangs, l'homme croiroit ne rien devoir à fon femblable ; qu'un pâtre s'ef-

timeroit paîtri du même limon qu'un Monarque, & que delà s'ensuivroit infailliblement un épouvantable désordre. Il ajouta que les grandeurs & les dignités devoient moins être la récompense du mérite que de la naissance ; qu'un pays où il n'y auroit point de Chevaliers du Tau, point de Satrapes ni de Généalogistes, pour juger du plus ou du moins d'ancienneté des familles, ne renfermeroit que des habitans énervés, sans courage, semblables à un troupeau de brebis qu'aucun pasteur ne guide dans la campagne, & qui finit par appartenir au premier qui veut s'en emparer. Ensuite, par un sophisme qui n'est pardonnable que dans la bouche d'un amant, il conclut que les vertus, les agrémens de la figure, les avantages de l'esprit & du corps devoient nécessairement être le partage des personnes de qualité, & que, si, par hasard, on rencontroit des roturiers remarqua-

bles par leurs graces & leur génie, de
pareils exemples choquoient les loix
générales de l'univers, & ne pouvoient
être regardés que comme des excep-
tions de la nature, Qu'on s'étonne,
après cela, dit-il, si la petite-fille de
Nemrod est la plus belles des femmes
de Babylone. Comme il n'y en a point
de plus noble dans toute l'Assyrie,
peut-il y en avoir qui ait plus d'attraits?

Ce discours adroit produisit tout
l'effet qu'en attendoit Misogug. La
belle Altéma, qui ne faisoit guères de
complimens, le félicita d'avoir une
manière de penser aussi sage, & Misogug, enhardi par ce premier succès,
lui avoua enfin qu'il avoit l'audace
de l'aimer, & le projet de lui plaire.
Cette déclaration de Misogug réussit
un peu moins que sa harangue : la petite-fille de Nemrod en parut plus que
surprise. L'orateur cependant lui avoit
paru aimable ; il étoit jeune & bien

fait, & elle ne tarda pas à faire connoître qu'elle favoit pardonner. Voilà
les femmes ! l'amour-propre, il faut le
dire, est presque toujours chez elles
le précurseur de l'Amour. Adoptez
leurs opinions, leurs travers mêmes;
louez leurs charmes , & sur - tout
croyez à leur jeunesse, quelque soit
leur âge, elles oublieront vos torts,
quelque grands qu'ils soient, & vous
les séduirez, & vous les enchanterez
en dépit d'elles - mêmes.

La belle Altéma auroit eu tort de
se montrer sévère. Une Reine reçoit
avec bonté les hommages d'un simple
mortel. Je crois qu'à plus forte raison, une financière ne doit point se
courroucer des tendres aveux d'un
grand Échanson qui s'exprime avec
politesse, & qui n'a point une figure
à faire peur. Altéma dans le fond n'a-
voit point un méchant caractère ; elle
avoit été élévée par des parens orgueilleux & vains. Misogug en la fré-

quentant s'apperçut vîte qu'ils étoient
seuls coupables de son excessive hauteur, & il se promit bien, dans le cas
qu'il deviendroit père, de persuader
à ses filles que les hommes sont tous
égaux, quelque soit le rang qu'ils oc-
cupent sur la terre.

Il découvrit de plus qu'Altéma étoit
sensible malgré sa vanité, & cette dé-
couverte le charma encore davantage.
Dès ce moment, il lui supposa, comme de raison, toutes les vertus, &
brûla de s'unir à elle. L'occasion s'en
offrit plutôt qu'il ne l'auroit pensé. Le
mari de cette belle orgueilleuse, qui se
croyoit méprisé, parce qu'elle ne vouloit point qu'il fût de son grand couvert, la répudia, un beau jour, pour
prendre une femme avec laquelle il
pût dîner ; & qu'on se figure la joie
de Misogug en apprenant cette nouvelle. Il commença à croire qu'Itochipul ne s'étoit point trompé, & vit
dans Altéma la femme qui devoit jus-

tifier ce grand prophète. Il lui fit pro-
poſer ſa main par un émiſſaire affidé,
& lui fit dire ſur-tout qu'il étoit fort
bon Gentilhomme, quoiqu'il ne deſ-
cendît point de Nemrod, & qu'il portoit trois demi-lunes dans ſon écuſ-
ſon; ce qui étoit à Babylone la mar-
que d'une très-ancienne nobleſſe. Altéma, qui portoit trois griffons dans
le ſien, ce qui prouvoit une extrac-
tion encore plus reculée, lui fit répondre qu'elle ſe battoit l'œil de ſes
demi-lunes; que perſonne, dans toute
l'Aſſyrie, ne pouvoit ſe vanter d'a-
voir d'auſſi belles armoiries qu'elle,
& qu'elle n'épouſeroit jamais qu'un
homme qui lui apporteroit une cou-
ronne en dot. Miſogug étoit tellement
épris de cette femme ſingulière, qu'il
ne crut pas qu'elle eût mis ſa poſſeſ-
ſion à un trop haut prix. L'amour fit
ſoudain naître en lui l'ambition la plus
forte; & le diſciple d'Alloyo, qui juſqu'à ce moment avoit été content de

ſa

fa fortune, qui même avoit vu les honneurs avec mépris, conçut le projet de s'agrandir, & aspira à la souveraineté.

Son dessein n'étoit pas de conspirer contre le Roi de Babylone qui l'aimoit, & qu'il servoit avec affection. Misogug n'étoit point ingrat, & un Roi si juste & si bon ne méritoit pas d'avoir un sujet séditieux; mais l'Égypte étoit alors divisée en plusieurs nomes ou provinces qui appartenoient à différentes dynasties, & formoient autant de petits royaumes, souvent en proie aux révolutions; & voilà ce qui nourrissoit chez Misogug l'espoir de devenir Roi. Le vieux Fenler l'avoit instruit à fond dans le noble métier des armes; & quoique Misogug ne l'eût point encore exercé, il n'en sentoit pas moins bouillonner dans son jeune cœur le desir de s'y illustrer. Le voilà donc qui va demander au Roi Isoül le commandement de

*Partie I.*  I

l'armée qu'il devoit envoyer contre les Égyptiens. Le Roi qui ignoroit ſes talens pour la gloire, lui rit d'abord au nez, lui diſant que l'emploi d'un grand Échanſon étoit de verſer à boire à leurs Majeſtés Babyloniennes, & non de briller dans les combats. Miſogug l'ayant aſſuré qu'il ſavoit ſe battre mieux qu'un autre ; que le Seigneur Fenler l'avoit inſtruit dans l'art du ſoldat, le Roi auſſi-tôt l'en félicita bien ſincèrement, & comme il ne pouvoit pas avoir un Général qui prît mieux ſes intérêts, il lui accorda ſa demande.

La Cour eſt, comme on ſait, un pays d'intrigues, de cabales & de noirceurs de toute eſpèce. Quelques favoris ambitieux furent jaloux de l'honneur qu'on faiſoit à Miſogug ; ils commencèrent par le chanſonner pour le rendre ridicule ; & voyant qu'il ſe moquoit de leurs plaiſanteries, & que même il répétoit leurs couplets dans les petits appartemens , lorſqu'il les trouvoit dignes d'être chantés devant leurs Majeſtés Babyloniennes , ils en devinrent furieux , & réſolurent de travailler plus ſolidement à ſa ruine. Voici comment ils s'y prirent pour y réuſſir.

Les Mèdes ayant ſur pied la moitié moins d'hommes que les Égyptiens , le Roi Iſoül avoit proportionné ſes deux armées à celles de ſes ennemis ; la plus conſidérable devoit marcher contre les Égyptiens, & il devoit en oppoſer une moindre aux Mèdes. Les ennemis de Miſogug firent donner le commandement de cette dernière à un courtiſan nommé Valja, qui lui-même étoit l'ennemi de Miſogug. Valja & Miſogug ſe mettent à la tête de leurs armées reſpectives, & s'avancent con-tre les aſſaillans par des chemins op-poſés ; mais à peine ils ont fait dix à douze lieues, que deux couriers, ga-gnés par les traîtres, viennent annoncer au Roi Ifoïl, l'un, que l'armée des Égyptiens eft moins forte qu'on ne l'avoit cru de vingt mille hommes ; & l'autre, que celle des Mèdes s'eft augmentée dans le trajet du même nombre de combattans. Ce double avis étoit faux, comme on le penfe bien. Cependant le Roi Ifoïl, pour établir l'équilibre néceffaire entre fes deux armées, fait auffi-tôt détacher vingt mille hommes de celle de Mifogug, pour en groffir celle de Valja ; de forte que la plus nombreufe eut à combattre les Mèdes qui, par ce changement, étoient devenus les plus foibles, & la moins nombreufe eut à fe défendre contre les Égyptiens, qui étoient devenus les plus forts. Delà devoit réfulter néceffairement une entière défaite du côté des Égyptiens, & une victoire complette du côté des Mèdes ; & l'on fera peut-être furpris que les ennemis de Mifogug euffent employé un ftratagême fi funefte à Babylone.

Voilà comme font les courtifans : ils n'ont pas de honte de facrifier leur patrie à un reffentiment particulier, & ils voient couler d'un œil fec le fang de toute une armée, pourvu qu'il s'y mêle quelques gouttes d'un fang qui leur eft odieux.

Mifogug ne s'apperçut de la furpercherie de fes envieux, que le jour du combat avec les Égyptiens. Lorfqu'on vint diminuer fon armée de vingt mille hommes, il l'avoit devancée de quelque lieues, efcorté feulement d'une phalange, pour examiner la fituation du camp ennemi. A fon retour, il n'étoit plus tems de reculer : il étoit plein de refpect d'ailleurs pour les moindres volontés du Roi fon maître, & cette diminution s'étoit faite par les ordres d'Ifoül. Voyant qu'il falloit abfolument combattre, quoique les forces de l'ennemi fuffent le double des fiennes, il étaya fa foibleffe de la rufe, & répara, par un ftratagême heureux, ce qu'on lui avoit enlevé de foldats.

Sachant que les Égyptiens avoient une fi grande vénération pour les ibis, qu'ils regardoient comme un facrilège quiconque ofoit leur faire le moindre mal, Mifogug envoya chercher fur-le-champ tous les oifeleurs des environs, leur fit un très-beau difcours fur l'amour de la patrie, & leur prouva éloquemment qu'ils devoient fe facrifier eux - mêmes & leurs oifeaux pour la délivrer des Égyptiens. Les oifeleurs de ce tems-là étoient bons citoyens ; ils auroient donné toutes leurs volières plutôt que de fouffrir qu'un feul cheveu tombât fans néceffité de la tête de leur Souverain. Ils goûtèrent la harangue de Mifogug, & chacun d'eux jura par fon ibis qu'il verferoit jufqu'à la dernière goutte de fon fang pour le Roi de Babylone. Mifogug alors fit border fon avant-garde par un rang de ces braves oife-

leurs, portant chacun un ibis fur le
poing de la main gauche, & tenant de
la droite un cutari ou cimeterre des
mieux affilés. Il s'avance lui-même à
la tête de fon armée avec un ibis attaché à fon panache, & en fait donner un à tous fes Officiers-généraux.
Ce qu'il avoit prévu arriva. Les Égyptiens, de peur de bleffer l'oifeau-dieu,
ne lancèrent pas une flèche, tandis
que les Babyloniens firent pleuvoir fur
eux des nuées de traits. Mifogug enfin
tailla en pièces l'armée religieufe, &
ne perdit pas un feul homme. Il ne fe
contenta pas de cette victoire. Quoiqu'il fût sûr que Valja le haïffoit, il
fit marcher à fon fecours fon armée
triomphante, efpérant que peut-être
il pourroit le tirer de quelque mauvais pas. Ce renfort ne fut rien moins
qu'inutile. Valja avoit déjà perdu la
moitié de fes troupes, qui étoient fur
le point de prendre la fuite. Mifogug
les railla, leur parla avec l'affurance

d'un vainqueur, adreffa à fon ibis une courte, mais vive prière ; & grace à fon ardeur tempérée par la prudence, les deux armées réunies ayant fait des prodiges de valeur, les Mèdes, qui avoient pris le deffus, plièrent à leur tour. Mifogug les chaffa, les pourfuivit jufques dans les antres du Caucaufe, & remporta fur eux une feconde victoire auffi éclatante & auffi pleine que la première.

Valja, indigné de fes fuccès & baffement jaloux de fa gloire, eut la lâcheté, dit-on, de lui lancer une flèche au plus fort de la mêlée. Mifogug en fut grièvement bleffé, & cependant il rentra à Babylone au fon des clairons, des trompettes & des chants de victoire, & l'on ne tarda pas à lui accorder tous les honneurs du triomphe : on lui éleva même un arc qui porte encore fon nom, & où il eft peint avec fon ibis, renverfant un crocodile ; ce qui étoit l'emblême des

avantages qu'il venoit d'avoir fur les
Égyptiens. Au milieu de ces acclama-
tions & de ces concerts de louanges,
fes envieux le chanfonnèrent encore,
& attribuèrent tous ces avantages à
fon ibis; mais le Roi qui ne lifoit point
les mauvais vers, & qui y croyoit
encore moins, le nomma Infpecteur
univerfel de fes troupes pendant la
paix, & Généraliffime de fes armées
pendant la guerre.

Il fouffroit beaucoup de la bleffure
qu'une main inconnue & perfide lui
avoit faite; mais les beaux yeux d'Altéma l'avoient percé bien plus profon-
dément. Dès que fa fanté fut rétablie,
il lui fit donc offrir fa main une feconde fois. Les Guerriers, & fur-tout
lorfqu'ils font vainqueurs, furent toujours en poffeffion de plaire aux belles.
Mifogug fe flattoit qu'on accepteroit
fes vœux, & fes efpérances n'étoient
point des prétentions téméraires. Le
croiroit-on cependant? La fuperbe

Altéma persista dans ses résolutions : elle lui fit répondre que sans doute il étoit beau de battre les Égyptiens par le secours d'un ibis ; qu'il y avoit environ deux ou trois myriades de siècles qu'un de ses aïeux en avoit fait autant, & qu'une pareille ressemblance étoit fort honorable ; mais qu'elle avoit juré de ne plus épouser qu'un Roi, & que rien ne la feroit changer. Elle lui envoya néanmoins, pour le récompenser de cette ressemblance avec son aïeul, un fort joli Tau de diamant avec permission de se décorer de son ordre. Misogug, enchanté de ce présent, attacha le Tau sur son cœur, & jura à son tour qu'il deviendroit Roi pour avoir le bonheur d'épouser la belle Altéma.

## UN COMBAT SINGULIER.

LES Mèdes avoient été épuisés par la victoire de Misogug, & ne pouvoient s'en relever de long-tems ; les

Égyptiens plus puissans, honteux d'a-
voir été battus par un jeune Échanson
& des oiseleurs, & bien résolus sur-
tout de laver leur défaite , rassem-
blèrent promptement tout ce qu'ils
avoient de soldats, & se préparèrent
de nouveau à faire une irruption dans
l'Assyrie. Le peuple craignoit qu'on ne
leur opposât encore des ibis ; mais quelques vieux Officiers, qui ne croyoient
guères à la divinité de ces oiseaux, se
moquant des terreurs du peuple , se
promirent bien de tordre le cou à de
pareils combattans , si l'on en bordoit
encore l'avant-garde : ils se le promirent inutilement. Misogug n'avoit plus
besoin de recourir à ce stratagême ;
délivré de ses envieux qu'Isoül avoit
éloignés de la Cour, honoré de la
confiance & de l'amitié du Roi, &
maître des troupes babyloniennes, il
lui suffisoit , pour être victorieux ,
d'opposer des hommes à des hommes :
il tiroit d'ailleurs peu de vanité des

I vj

palmes faciles qu'il venoit de cueillir, & il defiroit de les marier à des lauriers plus glorieux.

Inftruit des préparatifs formidables des Égyptiens, il fe mit à la tête d'une armée auffi nombreufe que la leur, & fortit de Babylone efcorté des vœux du Roi & des bénédictions du peuple.

Les Égyptiens étoient devenus d'autant plus redoutables pour Mifogug, qu'ils le regardoient prefque tous comme un facrilège, depuis qu'il les avoit expofés à tuer leur Dieu, & ils marchoient autant pour venger l'honneur de leur ibis, que pour fe laver de l'opprobre d'une défaite. On fait que les guerres de Religion font ordinairement les plus meurtrières & les plus longues; & telle étoit celle qu'entreprenoient les Égyptiens. Auffi le Nil n'avoit jamais vu tant de foldats raffemblés fur fes rivages, & jamais armée n'avoit montré plus d'ardeur & de courroux que celle des Égyptiens. C'étoit le brave Daaroth, Roi de Synopolis, qui avoit le commandement général de toutes les troupes ; sous ses ordres marchoient celles des Rois de Memphis, d'Abidus, de Thèbes, de Canope, d'Hermontie, de Pampremis, de Tanis & de Saïs. La confédération étoit universelle ; c'étoit l'Égypte enfin, l'Égypte toute entière, qui, réunie en un seul corps, menaçoit d'envahir l'Assyrie. Quel colosse à terrasser par le génie d'un seul homme !

L'armée égyptienne s'embarqua d'abord sur des vaisseaux, & forma une flotte si considérable, que la mer, toute hérissée de lances & de dards, ressembloit à un vaste champ couvert d'épis, & rappelloit ces îles flottantes qu'on voit errer quelquefois sur sa vaste surface : elle arriva sur les côtes presqu'en même tems que celle des Babyloniens ; & après un repos de deux jours, elles se rangèrent en ba-

taille. Le combat commença au lever
de l'aurore, se prolongea jusqu'au moment où le soleil semble s'arrêter au
milieu de son cours, & dura une partie de la nuit. Jamais cet astre radieux
n'en avoit vu de plus sanglant ni de
plus opiniâtre. Les Égyptiens se bat-
toient pour venger leurs Dieux; les Babyloniens pour défendre leurs foyers.
Quels hommes manqueroient de bra-
voure en soutenant deux causes aussi
sacrées? Il se fit de part & d'autre des
prodiges de valeur qu'il seroit trop
long de raconter. Qu'il suffise de savoir
que tantôt les Babyloniens avoient le
dessous, que c'étoient tantôt les Égyptiens qui plioient, & qu'enfin ces der-
niers s'ébranlèrent & se troublèrent
au point que Misogug, qui avoit l'œil
à tout, s'apperçut vîte de leur désordre. Soudain, il va joindre un corps
de réserve qu'il avoit laissé à la queue
de l'armée, tout composé de troupes
fraîches, se met promptement à leur

tête, & charge si vigoureusement les Égyptiens, qu'il rompt leurs rangs, les disperse au loin dans la plaine, & finit par les mettre en fuite.

Les Égyptiens courent à leurs vaisseaux, espérant se rallier sur la mer, & de là faire face à l'ennemi qui ne leur laisse aucun relâche ; mais Misogug, par un trait de prévoyance rare, leur avoit ôté cette dernière ressource. Il avoit fait lui-même, avant le combat, cacher des vaisseaux dans une baie peu distante de leur flotte, & ses agens y mirent le feu pendant la nuit & la consumèrent entièrement. Ne sachant où se refugier, les Égyptiens tomboient sous les coups des Babyloniens, comme les fruits d'automne durant le souffle d'un vent impétueux. Les fuyards étoient poursuivis avec tant de vélocité, d'acharnement & de rage, qu'il n'en seroit peut-être pas resté un seul de vivant ; mais Misogug étoit humain, & pour épar-

gner un fang qu'il étoit inutile de répandre, il fit foudain fonner la re-
traite. Les foldats fe plaignirent, difant hautement qu'on leur enlevoit
une proie légitime. Mifogug les ap-
paifa en leur prouvant qu'il n'y avoit
point de gloire à maffacrer des gens
qui ne pouvoient plus fe défendre, &
qui étoient, pour ainfi dire, à leur
difcrétion ; & grace à la trève or-
donnée, les deux armées, laiffant les
morts fur le champ de bataille, tranf-
portèrent les bleffés dans leur camp,
& y reftèrent jufqu'au lendemain. Le
Roi Daaroth étoit fier autant que va-
leureux : il fe crut comptable de cette
défaite ; & ne pouvant en fupporter
la honte, il écrivit la lettre fuivante
à Mifogug.

*Le Roi Daaroth au Général Mifogug.*

« Il n'eft pas un des foldats qui me
» reftent, qui ne fe faffe tailler en
» pièces avant d'avouer que tu l'as

» vaincu. Tous, malgré leurs bleſſu-
» res, ſe préparent à venger leur af-
» front, & des fleuves de ſang vont
» couler de nouveau. Tu peux l'épar-
» gner, en acceptant le défi que je te
» propoſe. Oſe combattre avec moi
» tête-à-tête, & décidons ſeuls le ſort
» des deux peuples. Si tu és le vain-
» queur, je te cède mon trône & mon
» empire ; ſi je le ſuis, je ne veux que
» l'honneur de dire par-tout que j'ai
» tué, en champ clos, le brave Mi-
» ſogug ».

Un pareil défi ne pouvoit que plaire
infiniment au Héros Babylonien ; &
après l'avoir montré aux guerriers les
plus vieux & les plus expérimentés de
ſon armée, qui tous augurant bien de
ſon courage lui conſeillèrent de l'accepter, il répondit en ces termes au
Roi de Synopolis :

« J'accepte avec joie les propoſi-
» tions du Roi Daaroth, non que je

» me croie plus vaillant que lui, ou
» que l'espoir de lui succéder au trône
» de Synopolis m'enflamme d'un nou-
» veau courage. Je puis, en me me-
» surant avec lui, arrêter le sang qui
» ruisselle autour de nous ; je puis ré-
» tablir la paix entre deux peuples bel-
» liqueux aussi dignes de s'estimer que
» faits pour se craindre l'un l'autre ;
» je puis sur-tout rendre le repos à
» mon maître, le respectable Roi Isoül,
» & voilà les raisons qui me détermi-
» nent. Le Roi Daaroth peut choisir
» l'heure & le lieu du combat ; j'at-
» tends ses ordres avec confiance ; &
» vainqueur ou vaincu, je serai tou-
» jours glorieux & reconnoissant de
» l'honneur qu'il a bien voulu me faire.

   » Le Général MISOGUG ».

 Cette lettre modeste & noble en-
chanta le Roi Daaroth ; il s'applaudit
d'avoir affaire à un Guerrier qui en
tout lui sembloit si digne de lui : il se

couvrit de ſes armes redoutables ; & après avoir fait inſtruire Miſogug du lieu & de l'heure du combat, les deux armées ſe rangèrent de nouveau en bataille , & laiſsèrent entr'elles un grand eſpace qui devoit ſervir d'arène aux deux Héros.

La voix des hérauts les appella bientôt dans la lice ; ils y parurent montés chacun ſur un courſier, qui, orgueilleux de ſa charge , caracoloit avec fierté , reſpiroit à la fois la guerre & la victoire ; & comme ſi ſon maître en eût déjà cueilli les lauriers , frappoit la terre d'un pied dédaigneux, & paroiſſoit vouloir s'envoler avec lui au temple de la Renommée. A peine la charge eſt ſonnée , les deux combattans s'élancent auſſi prompts que l'éclair ; & croiſant leurs lances meurtrières , & ſe portant les plus terribles coups, font jaillir le feu de leurs armures : longtems ils s'attaquent, ſe preſſent & ſe pourſuivent en vain ; l'un & l'autre

avoient la même intrépidité, le même
fang-froid & la même prudence. Deux
énormes rochers qui s'entre-choque-
roient dans les airs, ne recevroient
pas plus d'atteintes que n'en effuyè-
rent les deux Héros. Le Roi Daaroth,
voyant que Mifogug eft impénétrable
aux fiennes, & defirant toutefois de
finir promptement le combat, fe dé-
termine à attaquer fon cheval, & à le
rendre feul l'objet de fon inutile fu-
rie. Mifogug s'apperçoit de fon deffein, baiffe fa lance avec adreffe, &
lui donnant un autre jeu fauve deux
fois la vie à fon impétueux courfier.
Le Roi jette alors fa lance, s'arme
promptement de fon cimeterre, le lève
comme pour fendre la tête à l'animal;
celui-ci va imprudemment au-devant
du coup, malgré tous les efforts de
Mifogug pour le lui épargner; il le
reçoit entre les deux tempes, & Mifogug le voyant chanceler faute légère-
ment à terre, & attaquant le cheval

de Daaroth, lui plonge ſa lance dans le poitrail, & le déſançonne à ſon tour. Les deux adverſaires à pied quittent auſſi-tôt leurs boucliers, leurs caſques & leurs cuiraſſes, qui les euſſent rendus invincibles à jamais, & commencent le cimeterre en main un combat plus déciſif, puiſqu'il n'y avoit plus d'intermédiaire entr'eux & la mort que l'adreſſe & le courage. Oh! qui pourroit exprimer juſqu'où ils les portèrent l'un & l'autre?

Tantôt ſouples comme des ſerpens, ils ſe plient & ſe replient en cent manières pour mieux s'atteindre; tantôt ardens comme des lions, ils fondent l'un ſur l'autre avec impétuoſité; leurs fers ſe croiſent, s'entrelacent & ſe mêlent ſans trouver de paſſage: ici une attaque vigoureuſe précède un repos médité; là une feinte eſt ſuivie d'une charge imprévue. En vain une ſueur brûlante ruiſſelle ſur leurs membres haletans; en vain un tourbillon de pouſſière les environne ; ils ne parent pas un coup qu'ils n'aient prévu ; ils n'en portent aucun qui ne ſoit re-pouſſé : plus le combat a duré, plus il paroît devoir durer encore. Tout-à-coup le Roi Daaroth eſt bleſſé; l'aſ-pect de ſon ſang l'irrite, & ſe livrant à la rage & perdant le flegme qui lui a été ſi néceſſaire juſqu'à ce moment, il s'élance en furieux ſur Miſogug, l'aſſaille à coups redoublés que la prudence ne dirige plus, & ne ſuit plus pour règle que la vengeance. Miſogug le laiſſe tranquillement s'épuiſer en vaines attaques, & tirant de ſon déſordre une nouvelle ſécurité, s'apprête en ſecret à la victoire; elle ne pouvoit tarder à lui appartenir. A peine le Roi eſt fatigué, à peine ſon feu eſt rallenti, que Miſogug tombe ſur lui à ſon tour, & ſes forces lui ſervent d'autant plus, que le Roi ne peut plus lui oppoſer qu'une réſiſtance de peu de durée. Obligé de parer les coups de Miſogug en reculant, il touchoit au moment de ſa défaite, lorſqu'heu-reuſement pour lui ſon cutari ſe rom-pit entre ſes mains. Tout-à-coup Mi-ſogug s'arrête, & loin de profiter du malheur de ſon adverſaire, ne veut plus continuer le combat, & le triom-phe reſte indécis. Le Roi conſidéra-blement affoibli par le ſang qui ſor-toit de ſa bleſſure, n'avoit plus aucun droit de prétendre à la victoire, lorſ-que le généreux Miſogug lui propoſa des moyens de défenſe d'un genre nouveau, quoiqu'il eût pu, ſans dé-roger à l'honneur, uſer de tous ſes avantages. Roi Daaroth, lui dit - il, j'aurois trop peu de gloire à vous ôter le jour dans l'état de foibleſſe où vous êtes. Comme il faut néanmoins qu'un de nous deux laiſſe la vie ſur le champ de bataille, prenons chacun un arc; armons-le d'un javelot bien aigu, & que le ſort décide qui de nous deux tirera le premier ſur l'autre: s'il vous aime aſſez pour vous favoriſer, votre bras eſt encore aſſez fort pour toucher au but avec une flèche ; & ſi c'eſt moi qu'il déſigne, je tâcherai de ne vous point manquer.

Confus d'un auſſi noble procédé, le Roi Daaroth n'accepta point la propoſition : trop fier pour s'avouer vaincu, trop généreux pour recevoir une grace, il ne ſavoit quel parti prendre, lorſque Miſogug, voyant ſes irréſolutions, pourſuivit en ces mots : Roi Daaroth, vos forces, à chaque inſtant, diminuent avec le ſang que vous perdez ; hâtez-vous de faire un digne uſage de celui qui vous reſte : votre honneur n'eſt point compromis par l'offre que je viens de vous faire ; vous avez montré que vous ſaviez vous défendre & attaquer en Héros ; & ſi je vous préſente les moyens de vaincre que le ſort ſemble vous avoir enlevés, c'eſt bien plutôt pour réparer ſon injuſtice, que pour humilier votre courage.

U

Il lui conseilla ensuite de remettre au lendemain la fin du combat, & de profiter de cet intervalle pour se faire mettre un appareil & réparer ses forces épuisées, & Daaroth y consentit, disant que ses blessures n'étoient point assez considérables pour l'empêcher de combattre encore, mais qu'il emploieroit ce tems à réfléchir sur la proposition de Misogug, & à consulter les chefs & les vieillards de l'armée égyptienne. Misogug aussi-tôt fait signe aux juges du camp qu'il faut en rouvrir les barrières; on les rouvre, & Daaroth & Misogug se séparent, Misogug toujours modeste, quoiqu'à demi vainqueur, & Daaroth toujours fier, quoique presque vaincu.

La position de Daaroth étoit extrêmement délicate. Acceptera-t-il la proposition de Misogug? Il profite d'un avantage que son ennemi lui donne : la refusera-t-il? Le sort de l'Égypte est décidé. Babylone a subjugué l'Égypte.

Il fait affembler les autres Rois, &
leur demande des confeils. Celui de
Canope, qui étoit le plus âgé de tous,
dit que, pour rétablir l'égalité entre
les deux combattans, déjà détruite à
demi par le triomphe commencé du
Héros de Babylone, il faut ne point
s'en rapporter au hafard de leur deftinée refpective, mais accorder à Mifogug le droit de tirer deux flèches,
& ne permettre à Daaroth que d'en
tirer une feule contre Mifogug. Il
ajoute que Mifogug lancera la fienne
le premier ; que le Roi, s'il eft manqué, fe fervira enfuite de la feconde,
& que Mifogug, s'il n'eft point tué,
terminera le combat en faifant ufage
de la dernière.

Cet avis plaît infiniment à Daaroth ;
il l'adopte avec tranfport, & le fait
propofer par les hérauts à Mifogug,
qui l'accepte : il paffe la nuit à faire
panfer fes bleffures dont aucune n'é-
toit mortelle, fent renaître fa vigueur

avec l'espoir, & dès qu'il est jour, les deux champions se retrouvent de nouveau dans la lice en présence des deux armées. Misogug tend son arc avec autant de force que de grace ; il y met la flèche fatale. Daaroth l'attend avec tranquillité, & les Égyptiens frémissent. Misogug, avant de la décocher, invoque le Ciel & son Ibis ; mais, pour la première fois, son Ibis & le Ciel n'écoutent point sa prière ; la flèche part, elle siffle, elle vole & ne touche point Daaroth, quoiqu'elle passe très-près de lui. L'effroi des Égyptiens se change en cris de joie, & l'espoir des Babyloniens n'est plus que de la tristesse. Daaroth tend son arc à son tour ; le péril d'où il sort rend sa main aussi sûre que ferme ; il vise son ennemi au cœur. Quoique Misogug n'ait point de crainte, il se repent presque d'avoir été trop généreux ; le dard fend les airs avec un bruit perçant, vient le frapper au mi-

K ij

lieu de la poitrine, s'émouſſe contre
le Tau de diamant qu'il ne quittoit
jamais depuis le don que lui en avoit
fait la main la plus chère, & tombe à
ſes pieds ſans le bleſſer. Les Égyptiens, auſſi ſurpris qu'affligés de ce
prodige, ne doutant point que le Dieu
Ibis n'ait détourné le coup, ou n'ait
mis à couvert Miſogug ſous ſon impénétrable égide, ils pouſſent des cris
de douleur, & l'altier Daaroth con-
fondu les regarde, regarde Miſogug,
& reſte dans le déſeſpoir. Les Babyloniens reprennent l'eſpérance, & nom-
ment déjà Miſogug vainqueur; celui-
ci met auſſi-tôt la troiſième flèche à
ſon arc, & adreſſe ces mots à Daaroth avec un ſourire aimable qui n'a
rien d'inſultant: Roi Daaroth, je vous
ai manqué la première fois, pour voir
ſi vous me manqueriez de même. Vous
venez de me prouver que vous étiez
un archer excellent; mais ſachez que
mon talent eſt égal au vôtre. Je veux

profiter d'ailleurs de l'exemple que vous me donnez, & il n'y a pas apparence que celle-ci vous épargne. Il dit, tire la flèche au plus haut des airs, & court, au grand étonnement de l'affemblée, embraffer le Roi Daaroth. J'ai eu le bonheur de vous vaincre, ajoute-t-il, fans vous ôter la vie, & voilà tout ce que je defirois : un Roi, auffi brave que Daaroth, ne doit mourir que fur des lauriers. O Guerrier vertueux, s'écria Daaroth ! fi, après avoir été vaincu, je pouvois recevoir la vie de quelqu'un, c'eft à vous feul que je voudrois devoir ce préfent ; mais la vie m'eft à charge depuis ma défaite ; mais votre générofité m'humilie, fans me furprendre : jouiffez donc de ma reconnoiffance, & non de mon opprobre. Le Dieu Ibis vous a dérobé à mes coups ; je vous ai attaqué en vain avec la lance, le cutari & le javelot ; mon deffein ayant

K iij

toujours été de m'en punir, il eſt tems
que je l'exécute. En achevant ces
mots, il tire un poignard qu'il avoit
caché ſous ſon habit, & ſe le plonge
dans le ſein. Les Babyloniens l'admi-
rent; les Égyptiens le pleurent. Miſogug le pleure & l'admire à la fois. Et
vous, peuples, ajoute-t-il en ſe tournant vers les Synopolitains, & leur
montrant Miſogug; & vous, peuples,
voilà votre Roi; je n'ai combattu
contre lui, qu'à condition, ſi j'étois
vaincu, de lui céder mon trône &
mon empire; je le ſuis; qui de vous
oſeroit les lui diſputer? ſes vertus &
ſon courage..... La mort l'empêcha
d'achever, & les Synopolitains s'é-
crièrent : Oui; Miſogug ſera notre
Roi; oui, nous conſentons qu'il nous
gouverne : quel autre que Miſogug
peut dignement remplacer Daaroth?
Et, en diſant ces mots, ils accouru-
rent, ſe rangèrent tous autour de

Mifogug, & le faluèrent avec leurs drapeaux, leurs lances & leurs épées. Eh bien ! mes enfans, leur répondit Mifogug ; je ne ferai point votre Roi, mais je vous fervirai de père ; je le jure par mon Ibis qui m'a procuré feul ce bonheur, par les mânes de ce Héros que vous venez de perdre, & par le Tau de la belle Altéma, qui me paroît bien préférable à un royaume. Cependant, il fit porter le corps de Daaroth dans fa tente ; & après avoir commandé des obsèques dignes de ce grand homme, il écrit au Roi Ifoül, lui apprend la nouvelle de fa victoire, & le choix que les Synopolitains ont fait de lui pour remplacer Daaroth : il lui apprend qu'ils l'ont proclamé Roi prefque malgré lui ; qu'il n'a pu réfifter à leurs follicitations, & le prie de le regarder comme fon allié. Mi-fogug, dans cette lettre, peint en traits de feu fes regrets & fa reconnoiffance

au Roi Iſoül ; il l'aſſure qu'il ne per-
dra jamais le ſouvenir de ſes bontés,
& qu'il ne va en Égypte que pour le
faire craindre & aimer des Égyptiens.
Il lui demande enſuite ſes conditions
pour la paix, & lui jure qu'il les fera
accepter par ſes ambitieux voiſins, &
que lui-même les acceptera avec plaiſir, quelque rigoureuſes qu'elles puiſ-
ſent être. Le Roi Iſoül répond à Miſogug par une lettre pleine de reproches tendres ; il lui témoigne toute
la douleur qu'il reſſent de perdre un
ſujet auſſi brave & auſſi fidèle que lui,
& joint à cette lettre un traité de
paix, où il exige des Égyptiens un
tribut annuel de mille drachmes en
mémoire des deux triomphes de Miſogug : il les ſomme de plus de lui
céder la ville d'Héroopolis, ſituée
ſur la mer Érithrée, aux frontières
de l'Égypte, à l'endroit préciſément
où l'Aſie ſe joint à l'Afrique, par un

ifthme aujourd'hui appellé du nom de Sués.

Mifogug fait lire ce traité à tous les Rois d'Égypte, & on accorde au Roi Ifoül tout ce qu'il demande. On promet de lui payer le tribut. La garnifon des troupes égyptiennes fe retire d'Héroopolis, & le Roi Ifoül y en envóie une des fiennes.

Mifogug auroit bien voulu revoir Altéma avant d'aller à Synopolis prendre poffeffion de fon trône ; mais fa nouvelle dignité l'en empêche : fes Chambellans, fes premiers Gentilshommes lui repréfentent qu'il ne feroit pas décent qu'un Souverain fe tranfportât chez une financière babylonienne; qu'il le pouvoit n'étant que grand Échanfon, mais qu'un Monarque devoit donner l'exemple de l'étiquette ; que l'étiquette étoit le premier & le plus faint devoir des Rois; qu'il leur étoit permis de violer la

justice, & non pas l'étiquette ; & Misogug, un peu surpris de ces beaux
discours, trouvoit déjà qu'il étoit dur
d'être Roi, & de ne pouvoir pas aller
voir sa maîtresse.

*Fin de la première Partie.*